歯科診療室の窓辺から

―仏の心につつまれて―

ドクターボンズ
杉本光昭

永田文昌堂

口　絵

本文中「＊」を付与し章末に「口絵」とあるものを写真で示しました。
「口絵」とないものは、コメントを載せてあります。
参考にしてください。

口絵①：逆性正中埋伏過剰歯

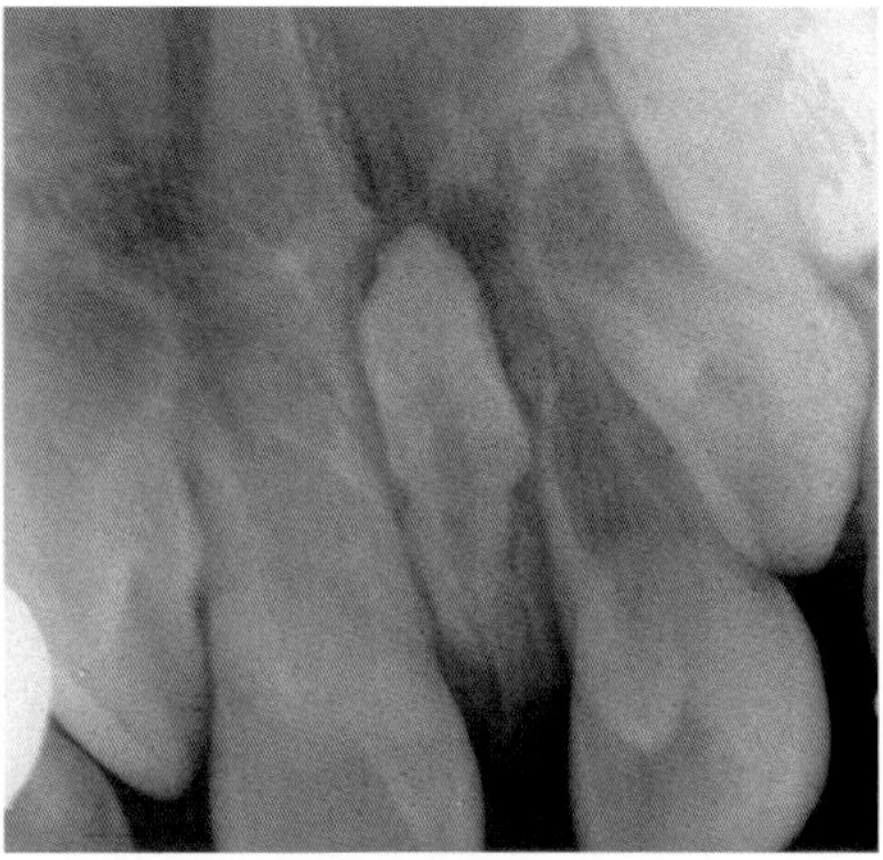

真ん中の小さな歯が「逆性正中埋伏過剰歯」です。
両隣が永久歯の「中切歯」です。

口絵②：超音波スケーラー

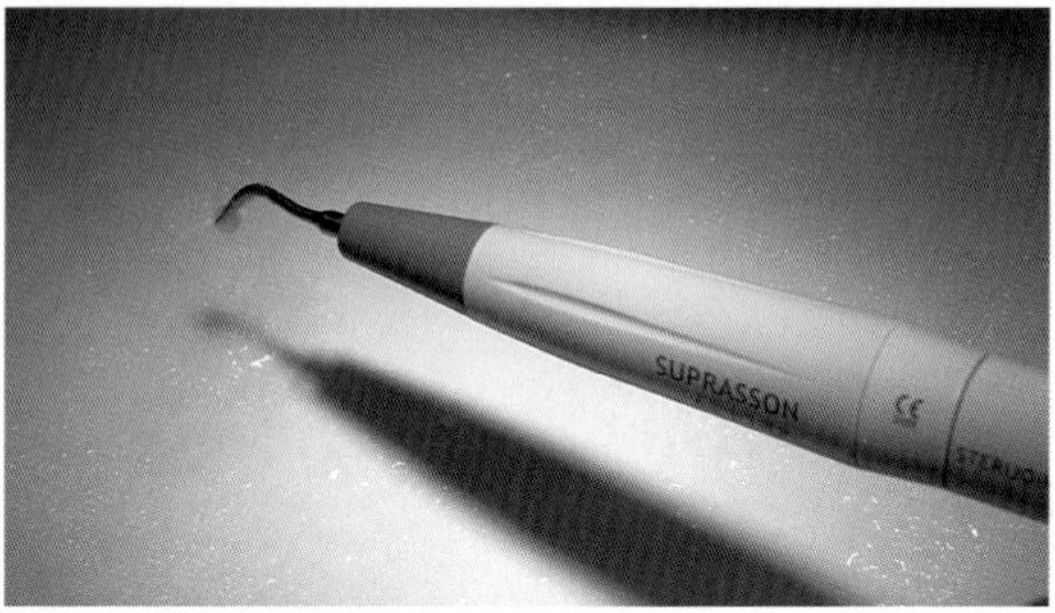

先端が振動し超音波により、歯石などを粉砕・除去します。

口絵③：手用スケーラー

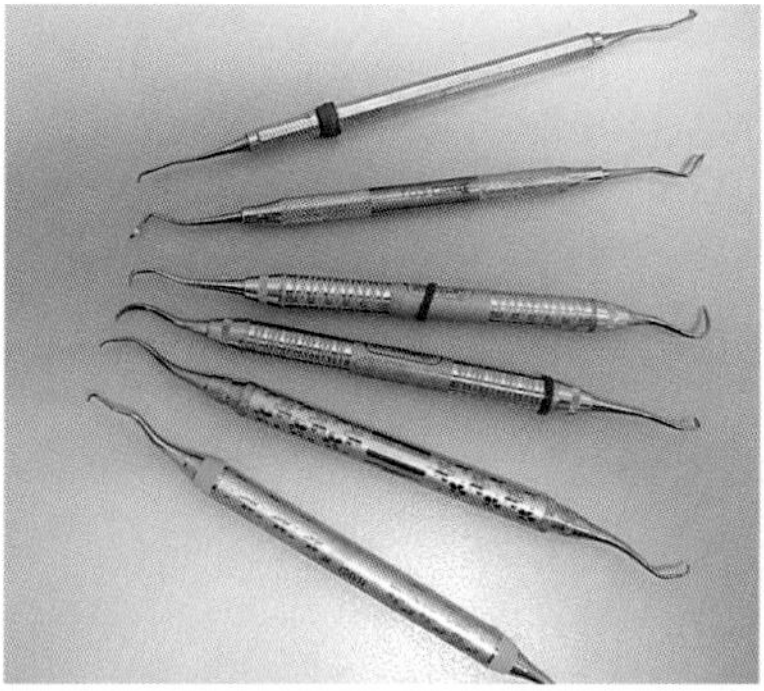

歯の面の位置、湾曲、あるいは歯周ポケットの深さにより選択します。

口絵⑧：慢性根尖性歯周炎

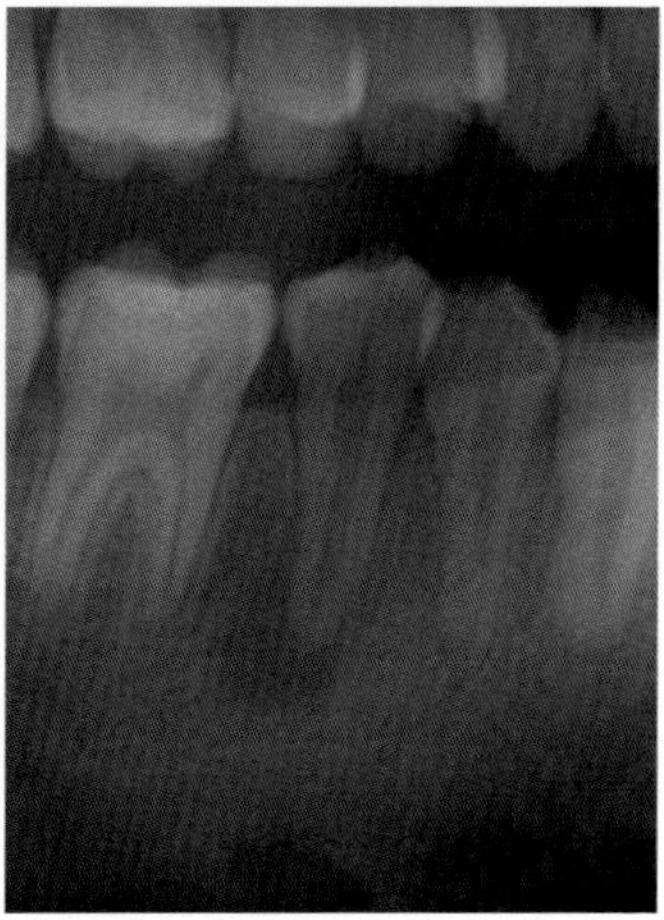

歯の根の先にある、黒い部分が骨の溶けているところ。膿やガスが溜まっているでしょう。神経の治療はまだおこなわれていない状態です。

口絵④：連結冠

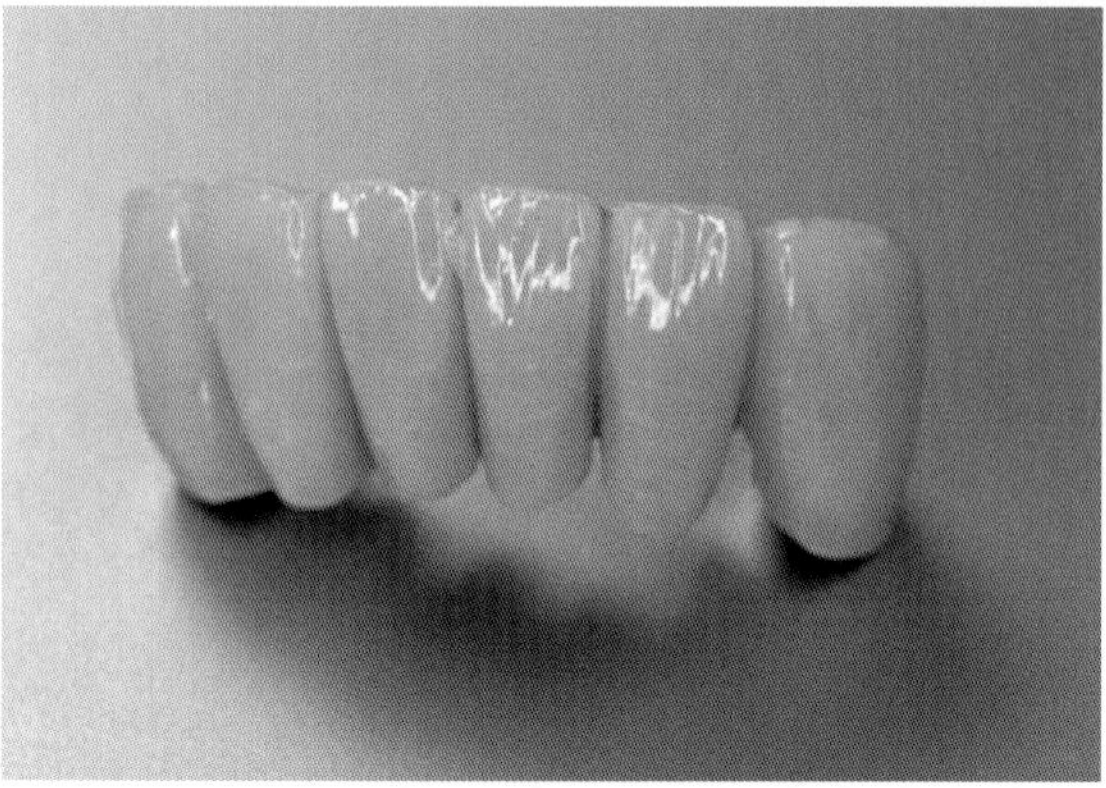

下顎の右の3番から左の3番（犬歯から犬歯）まで連結しています。

口絵⑤：ファイル

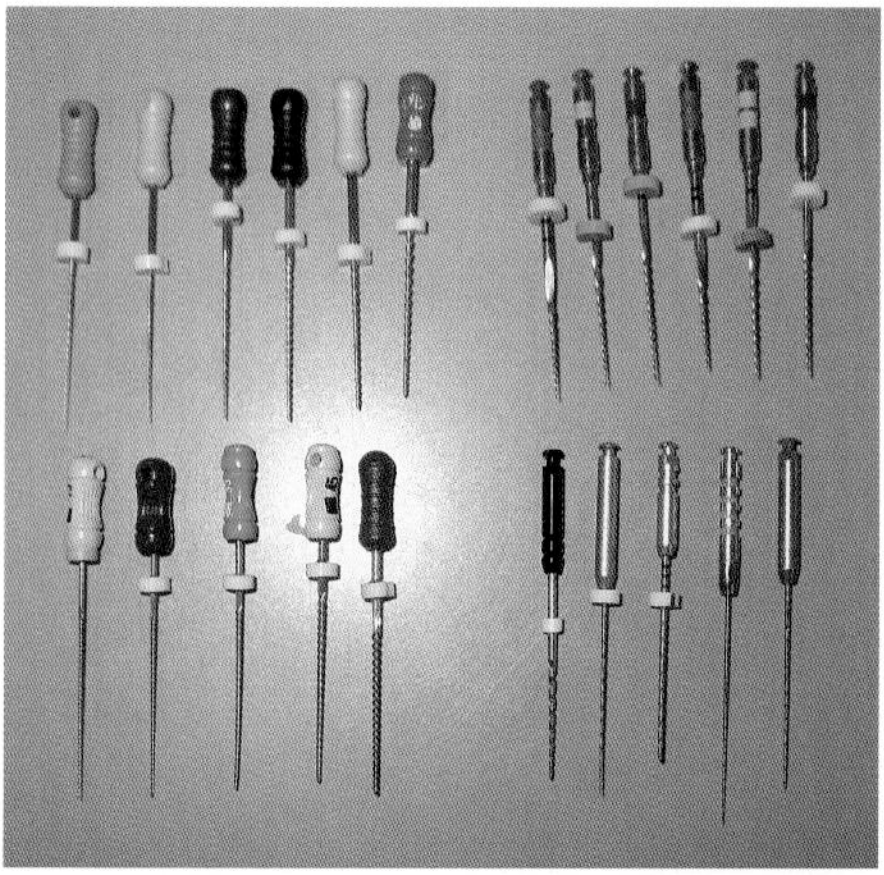

左上から「Hファイル」群。左下「Kファイル」群。右上「ニッケルチタンファイル」群。右下「マックファイル」群。ファイルの一部を並べてみました。

口絵⑥：拡大床

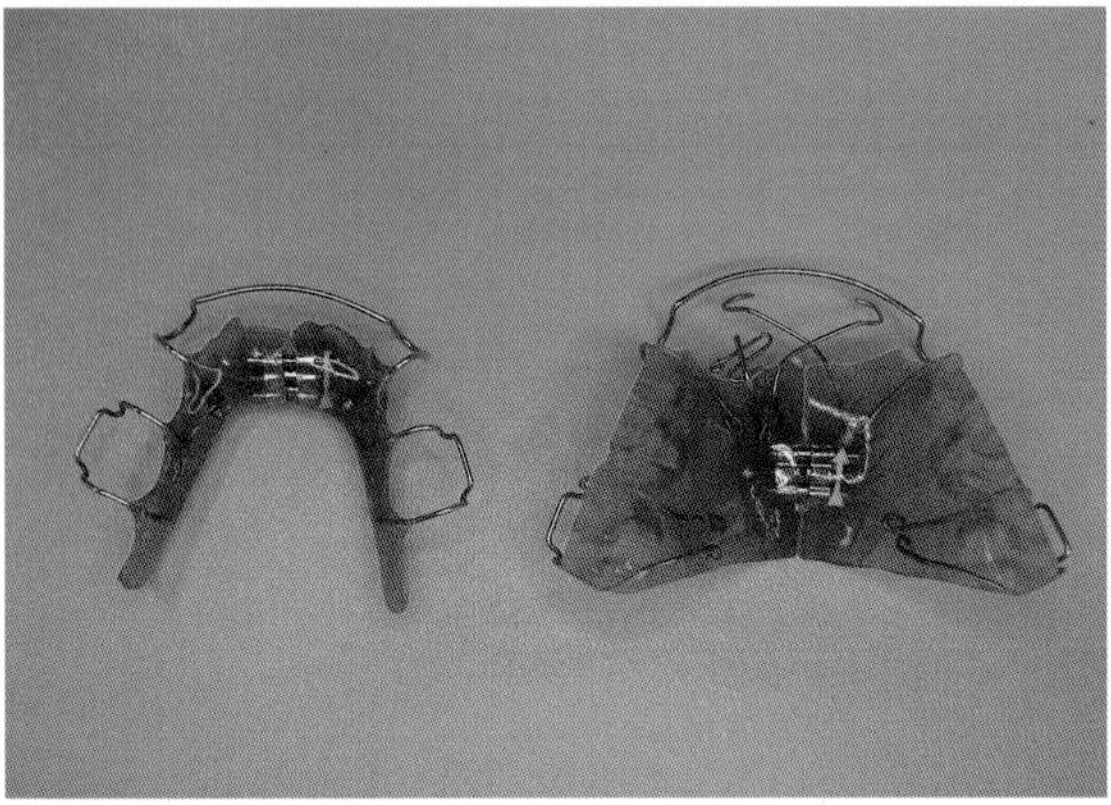

右が上顎用、左が下顎用
正中にネジがあり、回転すること
により左右に拡大します。

口絵⑦：可撤性床義歯

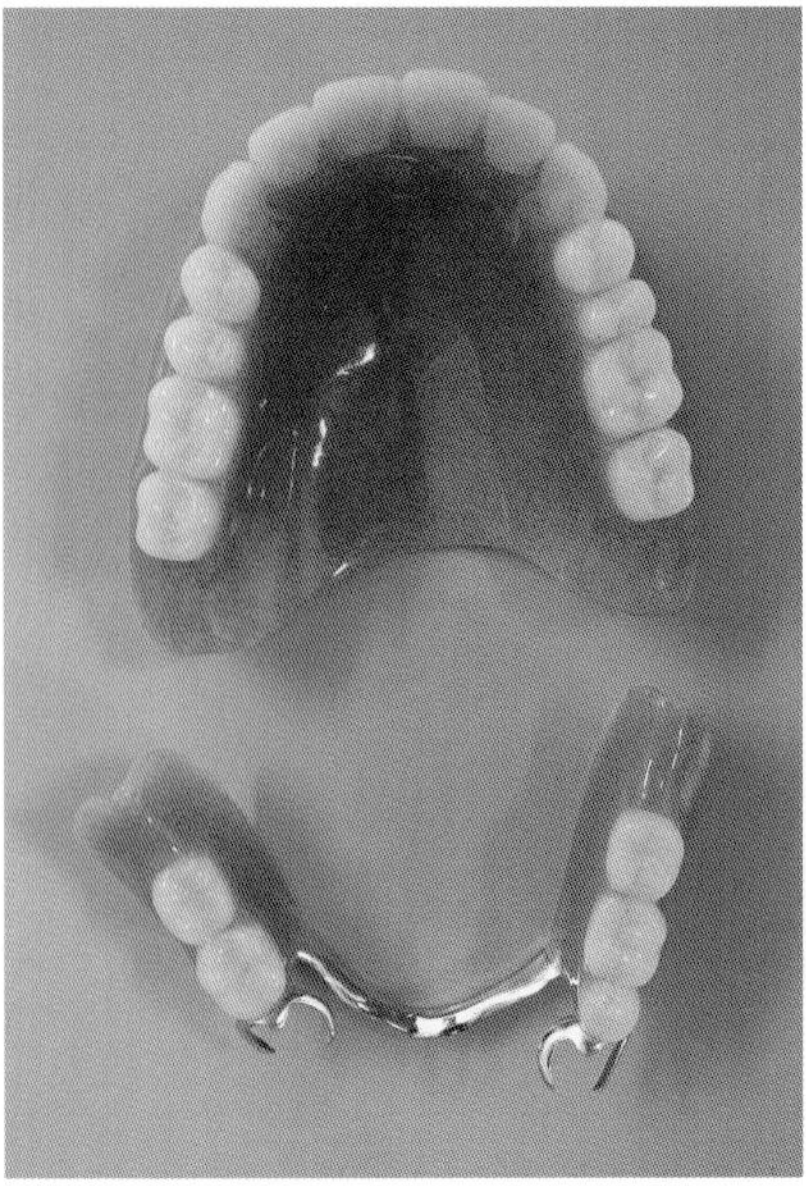

上が全部床義歯（総入れ歯）下が部分床義歯

はじめに

患者さんのお口の中を覗き込むようになって、四〇年の年月が流れていきました。

診療を終え、診療室の隅っこで腰を下ろし、窓辺の植物を眺めていますと、その植物が元気な日もありますし、なんだか弱っているように見える日もあります。実際にはあまり変わらないのかもしれませんが、見ている私の気持ちが見え方を変えているのかもしれません。

医師というのはいかなる時でも、沈着で冷静に、科学的根拠に基づいて行動と治療をしていくべきなのでしょう。しかし実際にはそう理想通りにはいきません。迷ったり、悩んだり、嫌になったり、逃げたくなったりしています。（少なくとも私は）

お寺に生まれた私は、仏教について多くの先人（先生）の教えや、生き方をお聞きするご縁を頂くことができました。そのお陰様でやっと最近、ものの価値判断を仏教に基づいて行うことの素晴らしさに気づけるようになってきました。もっとも、気づかせていただいたからといって、行動が一致するとは限りません。質《たち》が悪いのは、気づいたものですから、それを口に出して人に言うんです。自分がそのようにできていないのにです。

しかし一致できない弱い自分であることにも気づくことができました。これもまた、仏教のみ教えをお聞きできたからだと感謝しています。

最近インターネットなどで、知識が手軽に、また易しい言葉で得ることができるようになりました。

私の医院に来られる患者さんも、歯科治療に関して大変な知識量を持ってこられる方がおられます。また逆に、まったく知識がない、あるいは都市伝説

（？）かと思われる情報を、真っ正直に信用して来られる方もおられます。

「歯科治療を皆様にご紹介しよう」

でき得るなら、治療者があまり人に言えない心情の裏表も含めて。

そして、仏様のほほえみを頂いている私が、診療室の窓辺で考えている、今日の患者さんのことを、ご紹介したく思います。

ドクターボンズ　杉本光昭

目次

これでも科
なんでも科
歯周科
矯正歯科
口腔外科
総合診療科
保存科
補綴科

どんな治療が知りたいですか　？

歯科診療室の窓辺から

―仏の心につつまれて―

小児歯科治療

『お母さんのやさしさ』

子供を診療しているといろいろな子供にであいます。

ワンワン泣く子がいれば、全く泣かない子もいます。二歳でも泣かずに、待合室から診療室に一人で入ってきて治療を受ける子もいますし、小学校の三、四年生くらいになってもまだ泣く子もいます。中には中学生になっても治療を受けるのがいやだと、床に座り込んでしまう子もいるのです。

子供も小さいと、お母さんに手伝ってもらって、泣いても抑えて治療をしてしまいます。

小さな子供を抑えつけて治療するなんて、と思われる方もおられるとは思いますが、小さな我が子が頬を腫らし、発熱し、元気がない、あるいは虫歯の痛みで食事を摂らないでいる今日、あなたならどうしてほしいですか。

過去に戻って歯磨き指導を受けますか。未来の時間を待って子供に理解力ができてから治療を受けますか。

治療が必要なのは「今」なのです。

子供を動かなくする方法として、漁師さんが使う仕掛け網のような物で、診療チェアーに固定してしまう道具もあります。

でもやはり人間の手で抑える方がよいように思えて、私の医院では人の手で抑えて治療しています。抑えつけず、話し聞かせてから治療するのが良いのでしょうが、本当に泣く子はそんな事をいってはいられないくらい泣きます。子育ての経験がある方ならわかるかと思いますが、小さな子供は自分が嫌なことは絶対にしません。

無理強いするとその強固な意思表示として、大泣きする、大暴れします。

その姿を実際に見た多くの親御さんは、抑えてするのもやむをえないと納得され、自ら進んで抑える手助けをしてくださいます。

抑えて治療するのも、小さい子、だいたい三歳くらいまでなら、お母さんも抑えきれるのですが、幼稚園も年長さんくらいになると、大変になってきます。力が強くなるので、暴れるのを抑えきれないのです。筋肉痛になるほど、お母さんに頑張ってもらわねばなりません。


今日のお子さんもなかなか強豪でした。五歳の男の子。もう治療回数は五〜六回目になるのですが、まだまだ頑張って暴れてくれる。元気一杯です。泣きながら大暴れです。口を開けてくれないので開口器なる物を使います。口を閉じられないようにする器具です。

無理やり口を開けられる、苦しい・・・。すぐに嘔吐《おうと》を始めます。吸引機で吸い込みますが、吐物の量が多いと吸い切れず、大変です。診療前に食事を摂らせたのか大量でした。胃の中が空っぽになるくらい嘔吐してやっと収まりました。

後はお母さんに頑張ってもらい、何とか治療を終えました。

このようにお母さんも大変。大汗です。診療する私たちも大変なのですが、本当は泣いて大暴れする本人が一番大変でしょう。

いったいこの子はどのように感じているのでしょうか。

こんなに嫌だと泣き叫んでいるのに、大好きなお母さんが自分を抑え込む。無理やり口をこじ開けられ、機械を入れられ、ギーギー・ガーガーやられる。口の中には水が入り込み、泣こうとすると、のどに水が入り、溺れるかと思う程苦しい！　まるで地獄の苦しみです。

しかし、母というのは本当にやさしい。

それほど我が子が苦しむ姿を見るというのは、自分の身を切られるがごとくにつらく、苦しい事でしょう。それでも抑えつけられるのです。きっと心の中

では
「暴れないでぇ、暴れないでぇ、頑張ってー、頑張ってー、ごめんねぇ、ごめんねぇ」

と繰り返しているのでしょうね。

そしてそんなに苦しい思いを、我が手でさせてでも、この子の健康を守ろう、この子の将来を守ろう、この子を守りたいと願うのですね。

治療せずにおくと頬が大きく腫れ、高熱が出ることもあります。また細菌が全身に回り、取り返しのつかない病気になったりすることもあるのです。

そして次のお約束の日には、嫌がる我が子をなだめながら、自分の心も励まし、奮い立たせながら、医院に来られるのです。

お母さんは本当に、ほんとうに、やさしい。

子供の気づかない世界で我が子を思い続け、働き続けてくださるすべてのお母さまに感謝です。

「血の涙を流す」という表現があります。悲しみを耐えに耐えるのですが、それでもこらえきれず流れ落ちる涙を表現しています。

阿弥陀仏という仏様はすべての者を救うとお誓いになられました。しかし、すべての者を救うとお誓いいただいたにもかかわらず

「唯除五逆誹謗正法」

（ただ、五逆の罪を犯すものと、仏の教えを謗《そし》るものは除く）

と付け加えられたのです。すべての者を救うとおっしゃったのになぜ例外を作られるのでしょうか。

私たちは*五逆の罪をおかしたり、あるいは仏の教えを疑ったり、けなしたりせずにはおれない*存在なのです。

そんな私達の姿をご覧になった阿弥陀仏は、何とか、何とか、その罪を犯して

くれるなと、血の涙を流されながら、先のお言葉をおっしゃったのでしょう。
言わずにはおれなかった抑止《よくし》の御文《ごもん》なのです。
親さまに感謝です。

*五逆の罪：①父を殺す②母を殺す③仏様に傷を負わせる④聖者に傷を負わせる⑤仏様の教えを聞く者たちの和を乱す
*仏教では実際にその行為をおこなわずとも、心でその行為を思い浮かべただけでも、その行為を行ったと同じ罪となるのです。
あなたは五逆の罪をおかさず、日暮ししていますか。

総合治療

『美味しい物なんていらないんです』

年配の女性が来院されました。

　お口の中を拝見すると、ほぼ崩壊状態でした。

（これは治療終了までに、時間がかかるだろうなぁ）

そんなことを思いながら、治療計画を立てていきました。

　治療計画とは、どのような治療をするかを、治療する部位や順番も含めて、治療開始時に計画を立てておくものです。これをしないと、治療を進めていくにしたがって、噛む所が無くなって物が噛めなくなったり、いったん歯に被せた物をまたはずしたり、時間が余計にかかったりするのです。

　完成した治療計画書を患者さんに見せながら、治療の説明をしていきました。

「佐々木さん。佐々木さんのお口の中は、この歯が、あーだから、こーだから。だからこうして、あーして・・・」

とやるわけですが、ご理解いただくのはなかなか難しい。一生懸命説明したあとで
「私はよくわかりませんから、先生お願いします」

といわれる。

そうおっしゃられる気持ちは解らなくはないのですが、あんなに一生懸命説明したのにと、大抵調子抜けしてしまうことが多いのです。

(もうちょっと、ここはどうなるのですか、なんて興味を持ってくれてもいいのになあ)と思う事もあるんですよ。

「というわけで、週一回程度来ていただいて、だいたい一年くらいかかると思ってくださいね」

「有難うございます。暇にしておりますので、通わせていただきます」

それが若葉の季節、五月頃のお話でした。

子供たちがプールで真っ黒になり始めた、七月も終わり頃のことでした。

毎週必ず時間通りに来られる佐々木さん、その日の診療を終えて帰える間際に
「先生、私の治療十月頃には終わりますでしょうか?」

とお尋ねになりました。

(そろそろ来たな)

いくら治療期間が長くなりますよ、と最初にお話ししていても、大体三～四ヶ月くらいで通院がおっくうになってくるものなのです。

その頃には、一応仮歯《かりば》なんかも入れ終え、噛めるし、見た目もそこその状態になっている事が多いのです。治療初めのころのように、口の中が劇的に変化していくという事も少なくなっているのも、通院がおっくうになってくる一

因だと思います。

「ウーンそうですねぇ。佐々木さんのお口の中はここの歯と、ここの歯にまだ被せを作らなければなりません。それらが入った後、取り外しの入れ歯を作っていくので、まだもうしばらくはかかるでしょうね」

と鏡を見ていただきながら説明します。

(私も少し残念そうに聞こえるような声を出します。一応)

しかし、ふと気になったのが「十月頃」という言葉です。多くの人は「まだ終わりそうにないですか」とか「あと何回くらい来院すればいいですか」などとお尋ねの事が多いのです。

「十月に何かあるのですか?」

とお聞きしてみました。

「いえいえ、何もありません。通わせていただきますので、宜しくお願いします」

と帰って行かれました。

ちょっと気になる・・・・

　次のお約束の日、佐々木さんがお約束の時間通りに来院されました。

「佐々木さん。十月に何かあるんじゃないですか？」

「いえいえ何もないんです」

「本当ですか？　何かいいことあるんじゃないですか？」

しつこく聞く私です。

「たいした事じゃないんですけれど、姪の子供がね・・・。東京にいるんです。その子が十月に結婚をするんですけれどね・・・・。その子が結婚式に来てくれないかって・・・いうんですよ」

「えー、じゃあ東京に行かれるんですね」

「あ、でも先生気になさらないでください。別に終わらなくてもいいんですよ。全然、まったくいいんです」

気にしたところで、治療期間というのは簡単に短くできるものではありません。それに、その日までに終わらなければ困ったことになるわけでもない・・・。しかし、聞いてしまったからには、どうにかしてあげたいと思ってしまいます。

一週間に一度の約束を、五日に一度にしたり、二回かかる治療を一回で何とかできないかを考えながら診療を続けること二か月半。

「佐々木さん。結婚式いつでした？」

「先生、本当にいいんです。ちょっと行ってくるだけですから」

「一応教えて下さいよ」

「十月二十日です」

「いつ出発？」

「十八日に行こうかと思っています」

（十八日・・・・！）

「佐々木さん、十七日に最後の入れ歯を入れますよ。でもね、入れ歯を入れても、まだ調整を何度かしていかなければなりませんから、東京から帰られたらまた来て下さいよ」

「もちろんですよ！」


いよいよ十七日になりました。無事入れ歯が入りました。きれいな笑顔です。

帰えろうとする佐々木さんに、

「佐々木さん、結婚式でおいしい物たくさん食べてきてくださいね」

とお声がけしました。たぶん佐々木さんは、

「はい、入れ歯も入ったので、たくさんいただいてきます」といってくださると思っていました・・・・

ところが佐々木さんは、
『わたし、おいしい食べものなんか、食べたくないんです。いつも結婚式みたいな食べ物をいただいていますから』

頭をコーンとなぐられた感じでした。

佐々木さんは自分が金持ちだから、普段からいいものを食べていると言いたかったわけではありません。自分が若かったころには、結婚式でしか食べられなかったような料理が、今あたり前のように、毎日食卓に並ぶ。それが有り難くも、またもったいなくも思われていたのでしょう。ですから、結婚式だからといって、今いただいている食べ物より、さらに美味しいものなんていらないとおっしゃったのです。

私は普段から『いただきます』という言葉を大切にしましょう、と言っています。

私たち人間は、同じこの世に生まれた他の命を奪い、その命をいただかずには、自分の命をつなげないのです。ですから、食卓に上った食べ物、『命』を『いただきます』と感謝するのですと、普段から言っています。

にもかかわらず「美味しい物を食べて来い」と私は言うのです。

佐々木さんの言葉に、自分の思いの軽さをご指摘いただいた気がしました。

有難うございます、佐々木さん。

全ての『命』に感謝です。

阿弥陀仏は生きとし生けるものすべてを救うとおっしゃってくださいました。

一切平等にです。

一切平等というのは、老いも若きも、女も男も、愚人も賢人も、人間も動物も草木に至ってもです。

その大いなる慈悲心からご覧になると、殺されるための「命」などないはずです。にもかかわらず私たち人間は、その「命」を奪わなくては生きていけない。

いただく「命」に感謝し、残さず、おいしく頂きましょう。
・・・と、言いつつ、「それができない自分」がいることに心を向けながらの日暮しが大切なのではないでしょうか。

み光のもと

われ今幸いに

この浄き食を受く

いただきます

われ今幸に、

仏祖の加護と衆生の恩恵によって、

この清き食を受く。

つつしんで食の来由をたずねて、

味の濃淡を問わず。

その功徳を念じて品の多少をえらばじ。

いただきます。

天におられる私達の父よ

皆が聖とされますように、みくにが来ますように

御心が天に行われる通り、地にも行われますように。

私達の日ごとの糧を今日もお与え下さい。

私達の罪をお許し下さい、私達も人を許します。

私達を誘惑に陥らせず悪からお救い下さい。

アーメン

わたくしたちは、

今この食膳に向かって衆恩の恵みに

深く感謝します。

味と品の善悪を問いません。

いただきます

一粒一滴みなご恩

不足を言ってはもったいない

感謝でおいしくいただきましょう

いただきます

多くのいのちと、みなさまのおかげにより、

このごちそうをめぐまれました。

深くご恩を喜び、ありがたくいただきます。

休日・救急治療

『ばかたれー　痛がるなぁ』

開業して三〇年になろうとしています。

まだ家も十分に建ち並んでいない、新しいニュータウンに開業したので、街というのも成長するのだな、とつくづく感じています。

開業当初は若い家族が引っ越してくることが多かったので、小さな子供も多くいました。近所の幼稚園では四〇〇人近くの園児がいたこともありました。

当然来られる患者さんも子供の割合が多い。ある時など、治療中の中年女性が、いきなり診療チェアーからガバッと起き上がり、

「ここは子供さん用の歯医者さんだったんですか？」

「いえいえ、一般歯科ですよ」

とご説明したことがあったほどでした。

そのうち小学生が増え出して、近所の小学校は市内一の児童数になり、一学年七クラスの時もありました。もう少し時間がたつと、中学生の数が増え始めました。

現在かつてのマンモス幼稚園は、年長さん一クラス。年中さん一クラス。年少さん半クラス（年中さんに混じっている）になりました。小学生は一学年二クラスになっています。

開業当初、仕事バリバリの中年男性だった方も、今はま〜るいおじいちゃん。あるいは孫の車に乗せてもらって、通院される方もおられます。

今日は、三〇歳代の男性が急患で来られました。頑丈そうな体つき、濃いひげ面です。

カルテの名前を見ると・・・

「ん？　ん？　きみ、コーヘーか？」

「うす、そうす」

「久し振りやな。何してんねんや？」

「仕事してます」

「そうか」

「結婚もしてます」

「ほう」

「子供もいてます」

大笑いです。確か彼が中学生の時でした。

野球部に入っていた彼は、クラブの最中に虫歯が痛くなり、顧問の先生に
「歯医者行って来～い！」

と怒鳴られ、ユニフォームのままでやってきたのです。

根は素直な子なんですが、やんちゃなタイプです。顧問の先生に怒鳴られる

わ、歯医者は怖いわで、仕方なくですが、おとなしく治療を受けてはいました。

でもちょっと麻酔をするくらいでも、

「いててて・・・」

と大げさに痛がります。

「バカたれー、こんなことで痛がるなぁ」

こちらも男の子三人の父親です。近所の道場で子供たちと剣道もしています。

やんちゃな男の子の扱いは慣れています。

そのような対応が逆に気に入ってくれたのか、次の診療も真面目に来院してきました。

「先生、あと何回来なけりゃだめですか？」

「まあ、あと三回やな」

「エーでも、そんなにクラブ休んだら、監督に怒られますよ」

「休まんでもいい。学校終わったらすぐ走って来い。治療が終わったらすぐ走ってクラブに行け」

「エーそれでも遅刻しますよ。監督に怒られます」

「歯を治すのと、クラブに遅刻しないのとどっちが大事か、よ~考えろ！　監督には先生が電話したる」

練習はさぼりたい、でも監督は怖い、歯医者もできるならもう終わりたい。心の中が見えるようです。

早速中学に電話をして野球部監督と話をしました。

「本人は遅刻するのが嫌だと言いますが、コーへー君はまだ治療が必要です。」

「あと何回くらい治療が必要でしょうか」

「三回くらいでしょう」

「わかりました。治してやってください」

監督もやんちゃな彼の性格がわかっているようです。

監督にも言われたのでしょう、その後きっちり最後まで治療に通ってきました。もっとも医院からクラブをやりに帰る足取りは、走って行くどころか、ゆらり、ゆらりとしたものでしたが。

　そんな彼が成人をして、治療を受けにやってきたという事です。

「仕事場遠いんやけど、ここの方がエエかなと思ってな」

わざわざ来てくれたようです。

「どないや、子持ちになった気分は？」

「・・・・・・」

「ん？」

「先生にも、監督にも感謝してるで」

　今でもきっとやんちゃな彼でしょう。でも大人になり、結婚をし、子供ができる中で、今まで見えなかった世界が、少し見えてきたのは確かなようです。

人間はなかなか自分というものが見えません、周りのたくさんの人が支えてくれている事にも気づきません。なんとなく自分の事を思っていてくれているのかな、程度には思っているのでしょう。いろいろな経験をする中で、ある日ふと気づかせていただくことができます。懐かしさとともに、感謝の気持ちが起こってくるのです。


「麻酔するぞ〜」

「あ、い、い、いち・ち・ち・・・」

「大げさにするな！　変わらんなお前は」


自分の真実の姿というものはなかなか見えないものです。

「自分の・・」といいますが、自分ほど自分の姿は見えてはいません。自分の背中も見えませんが、心の中も見えません。「こうあってほしい」「こうであるに違いない」という勝手な思い込みで「自分の心」を見ているからです。

暗闇ならば電気をつければ見えてきます。しかし真実を見るためには、真実の光に照らされなければ見えてきません。

私達は高々数十年の知識や経験でものを判断しています。しかし仏教の教えは、千年を超える長きにわたって、伝えられてきた教えです。偽物であれば途中で消えてしまうはずです。その教えに照らされたならば、自分の本当の姿が見えてくるはずです。


思い込みの強い自分。

自分勝手な自己中心的な自分。

思いのほか弱く、ちっちゃな心の自分。

そして死んで往かねばならない自分。

そんな自分が見えてくるはずです。まず、仏教の教えを聞いてみましょう、読んでみましょう。

道が見えてくるはずです。きっと、見えてきます。

口腔外科治療

『そばにいるよ』

「*正中埋伏過剰歯ですね」

「せいちゅうまいふくかじょうし？」

「それも、逆性です」

「ぎゃくせい？」

翔太君は小学二年生です。上の前歯四本は大人の歯が生えています。でも真ん中の歯と歯の間が開いています。歯と歯が正中でひっ付いて並んでいないのです。

この状態は別に異常ではなく、通常は左右の犬歯（糸切り歯）が生えてくる時に犬歯が真ん中方向に歯を押して、隙間をなくしてきれいに並ぶのです。しかし場合によってはその隙間が塞がりません。原因の一つが正中過剰歯です。並んでいる前歯の真ん中に一番近い左右の歯を「中切歯《ちゅうせっし》」と呼びます。その中切歯の根っこの付近（当然骨の中です）に余分な歯ができていることがあります。これを正中埋伏過剰歯と呼ぶのです。

翔太君の場合はその正中過剰歯が、通常歯が生えてくる方向とは正反対、つまり180度反対向いて、骨の中に埋まっているのです。

余分な歯があるものですから、それが邪魔をして、真ん中の歯どうしがひっ付かないのです。

「これを取らないと、真ん中の歯どうしはひっ付かないですよ」

「骨の中ですよね、どうやって取るんですか」

「前歯の裏側の歯ぐきをめくって、骨に穴を開け、歯を見つけて、取ってしまいます」

「え？　い、いたい　ですか？」

「麻酔をしておこないますから、大丈夫ですよ」

お母さんと話をしていると、横で聞いていた翔太君はすでに「いやいやモード」です。

「いや！　いや！　絶対いや！」

ここで私が本人を説得にかかっても、うまくいかないのは目に見えています。お母さんが断ってくれるかもしれないからとの期待感があるからです。

「お家に帰って、よく相談してみてください。三〇分くらいは口を開けておかなければなりませんから、本人のやる気も必要なんです」

数日後、アポイント帳を見ると、翔太君の名前がありました。

治療（手術）予定時間は三〇分。

どうやら説得されたようです。

抜歯当日になりました。

「翔太クーン」

名前が呼ばれました。入ってきた翔太君は、すでに涙目です。

「翔太、今日はがんばるか！」

「うん・・・いたい？」

か細い声で、しおれそうです。

「麻酔をする時、ちょっと痛いかな。予防注射したことあるか？」

「うん」

「翔太はその時泣いたか」

首を横に振ります。

「じゃあ大丈夫だ。麻酔をしたら、歯の裏側の歯ぐきが固くなってきて、あとは痛くない！」

「本当に？」

我慢していた涙が、ポトリと落ちました。

「翔太、翔太は先生の事、信用できるか？」

うつ向いた翔太君の目からまた涙がポトリと落ちました。そしてコクリとうなずきました。

診療チェアーを水平に倒して、いよいよ歯ぐきに麻酔です。

「翔太、お腹とチンチンに力入れて、がんばれ！」

身体全体に力が入ります。でも口は大きく開けてくれています。普段の虫歯の治療と全く同じ麻酔なのですが、今日の麻酔注射は特別痛く感じるはずです。心が痛く感じさせるのです。

ちっちゃな体全体で頑張っています。

「よーっし、よく頑張ったー！　お口ゆすいでいいぞー」

麻酔終了です。

「歯ぐきが固くなってくるからな。しばらく休憩」

お口をゆすいで、座って待っている翔太君はもう涙目ではなかったけれど、ちっちゃな体が、診療チェアーでぽつんと孤独そうです。押し寄せてくる恐怖と必死で戦っています。見ているこちらの方が、涙目になりそうです。

「なぁ翔太、先生のこと信用できるか？」

翔太君の前に座って、目を見つめながら、もう一度たずねました。今度は翔太君、私の顔を見て、

「うん」

と、うなずきました。

あとは私の腕次第です。翔太君の全信頼を受けて、手術開始です。

前歯の裏側（口蓋側）の歯ぐきを、歯にそって八本分くらいメスで切っていきます。そのあと歯ぐきを喉方向にめくり起していきます。少々力が要ります。私が力を入れるたびに、翔太君も力が

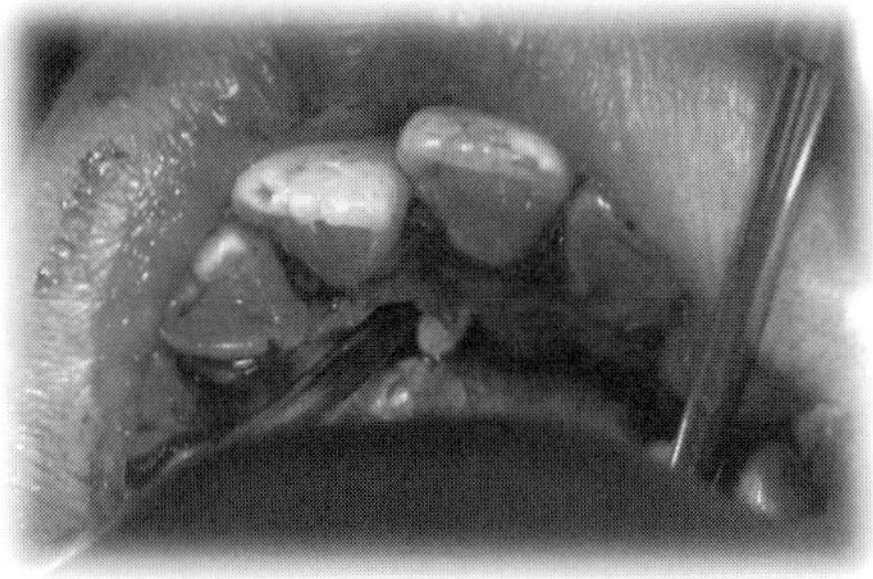

骨の中から過剰歯を抜きます
（写真は別症例）

入ります。顔に手術用の布をかぶせているので、表情は解りませんが、口は大きく開けてくれています。

めくった歯ぐきの下に骨が見えてきました。この骨の中に目指す歯が埋まっているはずです。

「翔太、ジーンと削る機械使うぞ、水も出てくるからな」

ドリルのようなもので、骨を削り始めました。

初めは力が入っていましたが、痛くないのがわかったのか、普段の歯の治療と変わらないと思えてきたのか、だんだん身体の力が抜けていきました。

徐々に穴が大きくなっていきます。

有りました！

普通の中切歯の1/3程度の大きさでした。

クポリ！

無事、逆性正中埋伏過剰歯抜歯終了です。

内側の歯ぐきを、くちびる側の歯ぐきに、糸で縫い留めて終わりました。

「終了! 口はゆすがずに、そのまま帰ってよーし」

翔太君は待合室の方にトコトコ帰って行きました。

カルテを書いて、待合室に行くとお母さんの横に座って、すでに絵本を見ています。お母さんの方がほっとした様子でお礼を言ってくださいました。翔太君は知らん顔で下を向いて絵本を見ています。

「全然動かずに、ジッと口を開け続けてくれていましたよ」

というと、お母さんが隣の翔太君の肩をギュウッと抱き締めました。

翔太君は絵本から目を離さずに、ニタと笑っていました。はにかんだ笑顔でしたが、小さな体で、恐怖に打ち勝った素晴らしい笑顔でした。

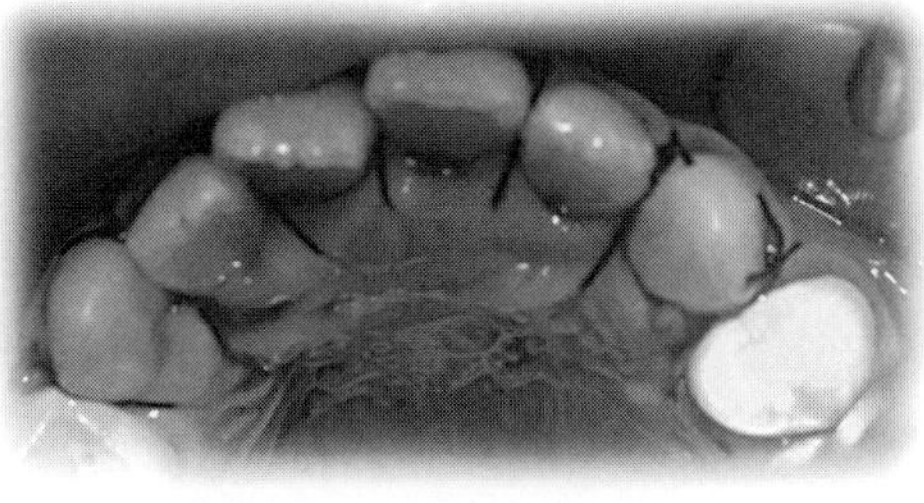

歯ぐきに縫い留めました
(写真は別症例)

恐怖や苦しみというのは目には見えません。実際には大したことではないのに、自分でどんどん育てていき、乗り越えられない程の恐怖や苦しみに仕上げてしまいます。

そんな時は自分の隣にいてくれる人にも気づきません。自分で大きくした恐怖で周りを見えなくしてしまったのです。

自分では越えられない苦しみだと思った時には、そばにいる人に「苦しいよ」って言ってみましょう。

もしその人が手を握ってくれたり、「うん！」ってうなずいてくれたり、「そばにいるよ」って言ってくれたらもう大丈夫です。

あなたの苦しみは、あなたが自分で大きくしただけ。

乗り越えられますよ。きっと乗り越えられます。

仏様は決して見捨てず、そばにいてくださる存在です。特に仏像でお立ちの仏様は、自ら私たちに寄り添うために、お立ちいただき、歩み寄ってくださる姿を現しています。そうです、私たちの姿を見て、居ても立ってもおれないお心を表しているのです。

そのお心に気づかせていただいたなら、もう大丈夫。生きていけます。

またそのような仏様のお心を頂いたものどうしを「御同朋《おんどうぼう》」と呼び、寄り添うことをいとわない者どうしと思っています。

仏様の心につつまれて、御同朋が手を取り合って生きていけたらと思います。

*正中埋伏過剰歯　口絵①「逆性正中埋伏過剰歯」

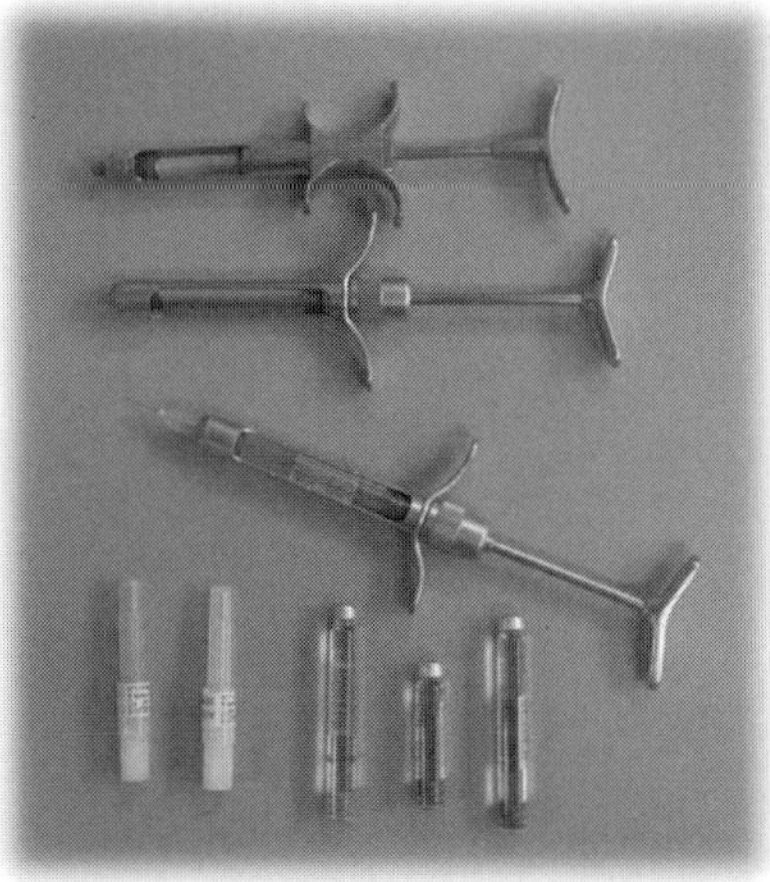

注射器です

上の二つは麻酔液のカートリッジと針をセットする前。右下のガラスの筒は注射液のカートリッジ。左のプラスティックは針が格納されています。セットしたのが真ん中です。

麻酔液には色々な種類があります。針も太さや長さに違いがあります。右は 33 ゲージ（0.26 ㎜）左が 30 ゲージ（0.3 ㎜）の太さです。0.04 ㎜の違いですが感覚的に全く違います。

電動の注射器もあり、痛みが少ないということですが、手技によりあまり変わらないでしょう。それより表面麻酔の使用により刺入時の痛みを軽減できます。

注射液の温度も大切かもしれません。温める機器もありますが、杉本歯科医院では、ユニフォームのポケットに入れて体温で温め、アルコール消毒後、スタッフがセットしてくれます。

愛情の温かさです。

豊臣秀吉方式です

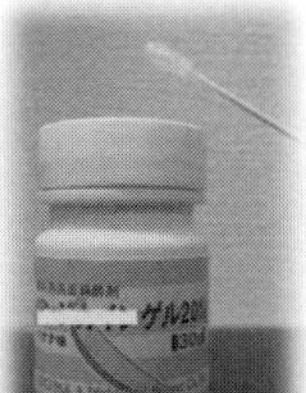

表面麻酔（ゲル状）

歯周治療

『ゆっくりと、心で聞いてください』

歯槽膿漏《しそうのうろう》という病気があります。

これは正式な病名ではありません。正式には「歯周炎《ししゅうえん》」と呼びます。歯ぐきに炎症がおこり、その炎症が歯を支える骨にまで波及し、骨を溶かす病気です。

よく似た病名で「歯肉炎《しにくえん》」というのがありますが、これは歯ぐきの炎症が骨に及んでいない状態です。若年者に多く見られます。

また、「歯周病」という言葉も聞くことがあるかと思いますが、これは「歯周炎」と「歯肉炎」を含んだ総称です。

「歯周炎」ですが、病気の初期から中期にかけて、ほとんど症状はありません。あえて症状といえば、歯ぐきから出血するくらいです。

歯が揺れてきた、噛んだら痛い、歯ぐきから膿《うみ》が出ている感じがする、というような具体的な症状が出てきたら、すでに重等度の歯周炎になっています。治療しても歯の保存が難しい場合が多いのです。歯ぐきの病気は自分ではなかなか気づかないということです。

歯ぐきの治療はまずは歯石を取ることから始まります。

歯石取りは一回では終わりませんから、その間に歯磨きの仕方をチェックして、正しい歯磨きの練習をしていただきます。磨き残しが歯ぐきの炎症を引き起こすからです。

歯科医院で歯ぐきの治療を何度行っても、家での歯磨きで磨き残しがあると、歯ぐきは絶対良くなりません。

本当は歯磨き練習だけに何度か通ってきていただき、上手に磨けるようになったら、具体的な治療に入るというのが正しい治療順なのですが、

「何度行っても、治療をしてもらえない」
という患者心理を受けて、歯石取りと歯磨き練習を平行して行ってしまいます。

歯石取りも、*超音波を利用した器具で行う方法と、麻酔をしたあと、*手用の器具を使って、歯の一本一本の歯石を取っていく方法とがあります。

超音波の器具では歯ぐきから上、つまり目で見て普通に見えている部分の歯石を取る程度です。その下の歯周ポケットの中まで器具の先端を入れても、せいぜい1～2㎜程度にある歯石しか取りません。それ以上超音波の器具を歯周ポケットに押し込むと痛いのです。ですから歯周ポケット内の歯石を取る時は、麻酔をして手用の器具を使うのです。

歯石がきれいに取れ、適正な歯磨きをしていると炎症が無くなり、歯ぐきが引き締まってきます。

しかし重度の歯周炎ですと、これだけでは終わらず、外科的に歯ぐきを切る処置が必要になる場合が有ります。

瀬谷さんが始めて来院された時には、やはり重度の歯周炎になっておられました。

瀬谷さんの治療は、今説明したような治療の仕方とはちょっと違っていました。ご自分で治したのです。歯ブラシ一本で。

実はこの治し方が理想の治し方ではあるのですが、なかなか皆さんができる方法ではありません。

瀬谷さんが行った方法は、徹底的なブラッシングです。それと瀬谷さんが成功したポイントは、我々治療者を信用してくださった事、お約束には必ず来て下さった事、持続することをいとわなかったことです。

来院された時、歯科衛生士の話を一生懸命聞かれました。こういう磨き方をすれば歯ぐきがよくなりますよ、という言葉を信じて、今まで長年行ってきた

磨き方を止め、素直に言われた磨き方をしてください
ました。
今まで当たり前のように思っていた習慣的な歯磨きを変えるというのは、思っているより大変なことです。言ってみれば、右利きの人に、今日から左手でお箸を持って食事をしてください、と言っているようなものです。

先ずは、*歯磨き剤を付けずに磨くことに慣れていただく。磨いた後、あるいは磨いている最中、口をゆすがずにいることに慣れていただく。洗面所に行かずとも、いつ、どこでも歯が磨けるように慣れていただいたのです。

瀬谷さんは、その通りに、通勤の車の中で二十分間

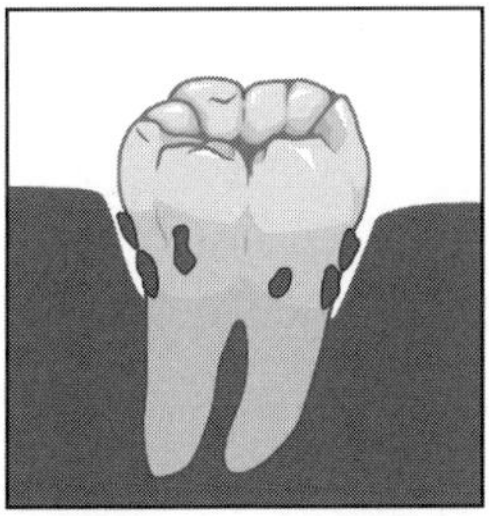

歯周ポケット内の歯石

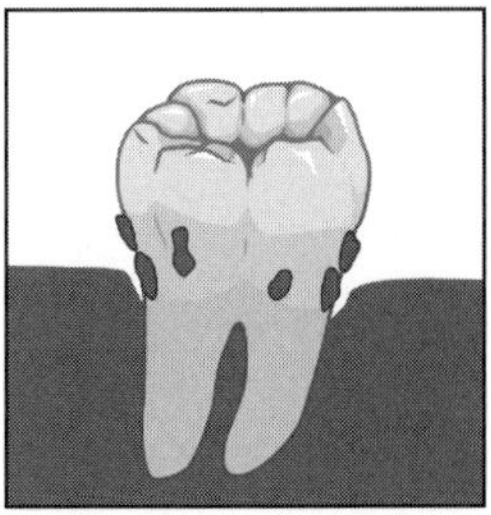

歯ぐきが引き締まり、
歯石が見えてきた

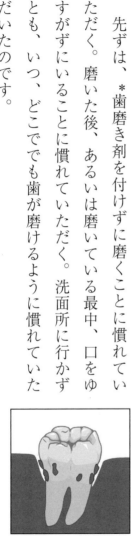

磨き続けてくださいました（運転には注意してくださいよ）
　こうすると歯ぐきが締まってきて、歯ぐきが下がってきます。そうすると、歯周ポケット内に付着していた歯石が、歯ぐきの上に見えてくるのです。今までポケット内で見えなかった、こびりついている歯石が直接見えてくるのです。（前ページの絵参照）
　お約束の日に来て頂いて、見えてきた歯石を超音波で取っていく。また次に来ていただいて、歯肉が引き締まり、下がっているので、新たに見えてきた歯石を取っていく。これを繰り返したのです。
　ほとんど医院では何もしていないのに、歯ぐきは締まってピンク色の歯ぐきです。
　随分歯ぐきが下がってしまい、歯が長くなったように見えますが、歯ぐきはいい状態です。
　しかし残念なことに、歯周炎で歯を支える骨を一度無くしてしまうと、＊骨は元には戻らないのです。

ですから瀬谷さんの歯には動揺があるのです。グラグラ動くのです。

こんな場合は*連続した「被せ」を作成し、連続した歯に被せて、歯どうしをお互いに支えあうようにします。つまり連結することにより、動揺を止めるのです。

瀬谷さんはおっしゃいました。

「一番高い被せにしてください」

連結して動揺を止める事においては、通常の被せでも、保険外の高価な被せでも、あまり機能的には変わりません。でも瀬谷さんは、二度と悪くはなりたくないという思いを強く持っておられました。

「高いのを入れたら、もったいないので、ブラッシングをさぼりたいとつい思ってしまう心が起きにくいでしょ」

一本八万円の被せを前歯全部に入れられました。

医療機関に行かれると、専門家に見せただけで治ったような気分になったり、あるいはもう大丈夫治るんだと思って、ご自分で治ろうとしないことがあります。まかせっきり状態です。

瀬谷さんはそうではありませんでした。治りたいという気持ちを持ち続けられ、努力されました。専門家の言うことに素直に、まじめに耳を傾けられたのです。疑い無く言われたことを実行したのです。

努力したといっても、変な方向へがむしゃらに、自分勝手な解釈で進んだのではありません。

私たちの普段の生活でもありませんか？　人がおっしゃっている事を聞いているようで、心で聞いていない。あるいは自分勝手な聞き方をしている、つまり自分に都合のよいように聞くのです。

知っていると思う事も、あらためて疑い無く、素直に聞いてみますと、心にしみてくる事があります。

合理的に、抜け目なく、スピーディーに生きる事もいいことかもしれませんが「気づかないうちに掛けている心の色眼鏡」をはずして、愚直にこつこつと生きていくこともいいのではないでしょうか。


「仏様を信じています」


といいますが「信じる」というのはどういう行為でしょうか。これは「聞く」ということだと教わりました。

仏様が私たちのことをどう思ってくださっているのかを「聞く」のです。何度も何度も聞くことにより、少しずつ仏様の心が私の心に染み込んでくるのです。

例えば、私たちが一人の女性を「お母さん」と呼ぶのは、この人をお母さんと呼びなさい、と誰かに教えられたからでしょうか。

違います。

私が生まれる前から、大きくなっていくお腹をさすりながら「私がお母さんだよ。早くお顔を見せて」とその女性は話しかけてくださいました。この世に生を受けてからは、お腹がすいたと泣く私に、おっぱいをくださりながら「お母さんだよ」と慈しみ、優しい眼差しをくださいました。悲しい時も、うれしい時もその腕の中に包み込んでくださった女性を「おかあさん！」と呼ぶのです。母を呼ぶ時、何の疑いもなく「お母さん」そう呼びます。

何の疑いもなく「お母さん」と呼ぶのは、「私が信じる心」からではありません。お母さんからいただいた「母の心」が私の心にあるからです。その「母の心」が私の口からこぼれ出てきたとき「お母さん」と呼ぶのです。

昨日今日出会った人に「あなたを信じています」なんていうことがあります。でも明日になったら、そっぽを向くのが私たちではないでしょうか。

疑いなく信じるというのは、私が信じるのではなく、相手の心を何度も聞いて、頂くことこそが本当の信じる心になるのです。

何度も何度も仏様のお声を聞いてみましょう。共に生きてくださっていることに気づくでしょう。疑いのない心で仏様と生きられると思います。

*超音波を利用した器具　口絵②「超音波スケーラー」
*手用の器具　口絵③「手用スケーラー」
*フッ素入りの歯磨剤を用いることにより、歯の表面の再石灰化を促す考え方もあります。この場合歯磨きしたのち、お水でお口をゆすぎません。
*骨の再生療法はあります。しかしできる場合とできない場合があり、多くの重等度の歯周炎では適応外です。
*連続した「被せ」　口絵④「連結冠」

根管治療

『汗を流して治療します　楽しいんです』

先日友人から電話がかかってきました。

彼の娘さんが歯科の開業医に通っていたのだけれど、なかなか痛みが取れなかったそうです。それで病院の歯科・口腔外科に相談に行ったところ、「歯ぐきを切って治療する必要がある」と言われた。どうしたものだろうかと相談の電話でした。

虫歯になると、虫歯になった所を削り取り、色々な素材で詰める治療をします。これらの治療は治療科でいうと、「保存科の中の修復治療」と呼ばれます。

この虫歯がさらに歯の深くまで進行し、歯の中にある神経にまで到達すると、神経の管すなわち「根管《こんかん》」と呼ばれる所の治療になります。この治療は「保存科の中の根管治療」と呼ばれます。

歯の中の神経の管すなわち「根管」なんてものは非常に細く、治療に使用する器具も、細い針のような物を何種類も駆使して治療します。

「根管」の数は、歯の種類によってだいたいは決まっています。前歯なら一本。小臼歯なら一〜二本。大臼歯なら二〜四本です。しかし、その数というのは太い神経の数だけをいっているのです。実際の神経の様子は、植物の根っこをズボッと抜いたような状態。つまり細かいところまでみると、無数に「根管」の数はあるということです。細かい「根管」なんぞはどれだけあるか解からないというのが現実です。

その上「根管」は太かろうが、細かろうが、曲がっていたり、途中で詰まっていたりします。

太い「根管」は、*針のような器具（細いがやすりのようになっている）で「根管」の内壁をこすり、内壁に浸潤している細菌を機械的に除去するのです。

細かな「根管」は、太めの「根管」に消毒剤を入れ、その消毒効果が細い「根管」に浸透していくのを期待することで治療とするのです。

先ほどの友人の話を聞いていると、どうやら治療中にこの細い器具が、「根管」の中で折れてしまっているようなのです。細い管ですから器具が折れると「根管」が塞がってしまいます。それ以上先に侵入できない状態です。しかしその先に痛みの原因が有るのなら困ってしまいます。

そんな時は何とか折れた器具の除去を試みます。しかしどうしても取れない時は、病院の先生の言うとおり、歯ぐきを切って骨の中にある歯の根っこの先を掘り出し、器具が詰まっている部分ごと歯の根っこを切断、除去することになることもあります。

痛みの原因になっていない場合は、十分「根管」内を消毒してから、「根管充填材料」で埋め込んでも問題ない場合もあります。それはその時の歯の状態と、治療の状態によります。

器具の破損は経験したくないことですが、長年歯科医師をしていれば誰もが一度は経験することだと思います。

衛生士の小谷さんは当医院で長い間お仕事をしてくれている方です。その小谷さんが、歯がしみるから診てほしいといってきました。

相手は歯磨きのプロフェッショナルです。めったなことでは虫歯になんてなるはずがありません。

しみるという歯を見てもやはり虫歯には見えません。衛生士になるずっと以前に治療している詰め物をはずすことにしました。詰め物の下で虫歯になっているかもしれないからです。いくらプロフェッショナルでも詰め物の下まで歯磨きはできませんからね。

詰め物をはずしても、中で虫歯になっている様子がないのです。

詰め物を除去して、空いてしまった穴をセメントで仮に埋めておき、様子を見ることにしました。

次の日です。

「小谷さん、どう？」

「まだしみるんです」

「随分しみる？」

「はい」

「破折かもしれないね。仕方ない、神経を取ろうか」

「お願いします」

時として歯に「ひび」が入り、痛みの原因になることがあるのです。食事中石のようなものを噛んでしまったり、寝ているときに歯ぎしりをすることで起こるのです。

しかし「ひび」というのは、見ただけではなかなか解かりません。割れたガラスをピタリと合わせて、その上から水を撒いたら、割れているところが解からなくなりますよね。あの状態です。

原因ははっきり解からないのですが、痛みを取るためには仕方がありません。神経を取ることにしました。

歯の噛む面から穴をあけ、神経まで到達しました。その歯の太い神経の数は通常三〜四本です。

「ピンポーン！　小谷さんやはりひびがはいっている！」

歯をたくさん削ると「ひび」が確認できることがあるのです。

今、仮に原因となった歯の神経を1番神経、2番神経、3番神経と呼ぶことにすると（通常こんな呼び方はしません）

3番神経の「根管」から歯の外側に向かってひびが見えました。3番神経を取りました。神経は繋がっているので、ほかの神経も取らなくてはなりません。2番神経も取りました。次は一番神経です。

「ん？」

器具が途中までしか入らないのです。いくら入れようとしても、細い器具を使っても入らない。

今日はこれまでと、歯の中に消毒の薬を入れ、シール（仮の蓋）をしました。もう一度レントゲン写真を撮りました。一枚目の写真とは角度を変えて撮ってみました。

「小谷さんどうする？」

「どうしましょう」

小谷さんの一番神経の管は途中でクキッと曲がっているのです。

こんな時は器具が入るところまでにして、消毒を十分に行いそのまま閉鎖してしまう方法と、根っこの先まで器具が到達するまで頑張るかです。

当然根っこの先まで到達するのに越したことはありません。しかしリスクがあるのです。管が曲がっているということは、器具も曲がって入っていかなければなりません。太い器具は曲がりにくいので細い器具を使います。

しかし、やすりのような器具ですから、力がかかるのです。お解かりのように細い器具に力がかかるので、器具が途中で折れてしまうのです。

また金属でできた器具ですから、曲がらずに真っ直ぐ行こうとします。曲がった管を真っすぐ突き進むとどうなるでしょうか。管とは違うところに穴をあけてしまうことになります。そうすると、そこから先、曲がった方向に方向替えすることは決してできません。いずれにしてもこうなるとお手上げです。

これらのリスクを考えると、このまま閉鎖する方がいいかもしれません。一番神経までまだ細菌で汚染されていなければ、将来的に痛くなる可能性は低いのです。

「もう一回頑張ってみるよ。でも、もし器具が入っていかないようだったら、あきらめよう」

「はい、お願いします」
次の治療日になりました。細い器具を使い、折れないように注意し、方向をいろいろ変えながら・・・
ニッケル・チタン製の折れにくい器具を使いながら・・・
管を探してくれる電動の機械を使ったり・・・
超音波を発振する器具を使ったり・・・・
「ふ～　あかん。撤退。次回根充《こんじゅう》や」
根充とは根管充填《こんかんじゅうてん》のことで、神経の管、すなわち「根管」を「根管充填材料」で埋めてしまうことです。
「先生有難うございました」
小谷さんは普段から私と一緒に診療をし、今回の自分の状態もよく解っています。また結果も予想できます。私がどれほど汗を流しているかも知ってくれています。

小谷さんに対して行った一連の治療は、現在の私としては正しい治療だと思います。ほかの先生が聞いても間違えているとはおっしゃらないと思います。

しかし、一般の患者さんだったらどうでしょうか。虫歯でもないのに、神経を取ることを納得していただくのは大変です。また神経の管を掃除しきれないことなどを、簡単に受け入れられるでしょうか。

当然ワンステップごとに患者さんにはご説明し、同意を得て治療を進めます。

「○○という状態です。どうしましょう?」

と聞くのです。そのたびに患者さんは悩まれます。

「どうしよう?」

多くは悩まれても結論は出ません。

(どうしようもないよな。わからんしなぁ)

そんな気分です。

不思議なことに、私の患者さんは全く悩まない方が結構おられます。昔から私の医院に通い続けてくださっている方々です。たぶん自分のために、私が汗を流すことを知ってくださっているのでしょうね。

私が、「この歯を抜きます」といったら簡単に「はい」といってくださる方々です。

色々な病院を転々とされる方がいます。新しい医院ができると、新しい喫茶店ができた時のように、お試しに色々行かれる方です。

治療内容の説明を受けることは必要なことで、また患者さんの権利です。それに治療者と受診者が一体となって治療を進めていくことも大切です。私もそういう治療を希望します。

しかし中には一生懸命治療内容を治療者と考えながらも、少しも悩んだり、迷ったりしない方もおられます。この医院であれば迷わずとも最良の治療を受けられるという安心感をお持ちの方々です。

そうなるためには、時間も必要でしょうね。何年もかかり、何度も何度も聞いて、聞いて、聞かれての上の安心感です。

阿弥陀仏という仏様がおられます。私たちを「必ず救う」とおっしゃってくださいました。でも私たちは「救う」と聞いても、簡単には「はい」とは言えません。疑い心や、今までの人生で得てきた知識や経験が邪魔をするからです。

(ほんとう?)(そんなうまい話があるはずがない)(私には関係がない)

ですので私たちは、別の仏様や、神様もどきや、拝み屋さん等を巡回してしまいます。病院を喫茶店のように巡回するのと同じようにです。

私は阿弥陀仏という仏様は間違いのない仏様だと思います。時間をかけてでも何度でも何度でも仏様のお話を聞かれたらいかがでしょうか。

解かるとか、理解できたの話ではありません。心に染み込んでくるという話なのです。

疑いなく、素直に「はい」っていえるのっていいですよ。

安心感を持っての人生っていいですよ。

私は治療者として「私の患者さん」と呼べる方の治療をするのは楽しいです。楽しいって変かな？

（小谷さんのこの歯を治療してから十年以上たちますが、異状なく機能しているようです）

*口絵⑤「ファイル」参照

休日・救急治療

『あなたの世界が知りたいんです』

休日診療当番というのがあります。

日曜・祝日は多くの医療機関がお休みです。しかしながら病気は休日だからと、休んではくれません。いつだって事故は起きますし、痛みや、発熱は起こってきます。

ですので市内の医院が持ちまわりで、休日に診療をする制度があります。それが休日診療当番と呼ばれる制度です。歯科にも当然休日診療当番があります。

私の医院は市内でも端っこの方に有ります。反対側の端っこにお住まいの方が、通院するのは大変だと思います。

最近はインターネットで休日診療当番を調べられるので、市外からも遠路来られる方もいらっしゃいます。

その方は二つも隣の市から来られました。

お名前をお呼びすると三〇歳台の男性が診療室に入ってこられました。一緒に赤ん坊を抱いた女性も入ってこられました。

子供さんを診療する時に、お母さんが一緒に診療室に入ってこられることや、年配の方に付き添いの方が一緒に診療室に入ってこられることはよくあることです。しかし中年男性に赤ん坊を抱いた女性が一緒に入ってこられることは稀です。

診療助手が患者の男性に、どういう状態ですか、などお話しをおうかがいすると、同伴の女性が口をパクパク、手をくるくる始めました。男性は聾唖《ろうあ》の方だったのです。耳が聞こえないのです。女性は手話で男性に通訳をしてくださったのです。

私は何年か前に手話の勉強をした事がありました。もうほとんど忘れてしまっているように思いましたが、思い出しながら手話で

『こんにちわ』

としました。男性はとっさに頭をぺこりと下げられました。

「お口の中を見せていただきます」

と付き添いの女性に、声を出して言うと、女性はそれを手話で通訳してくれました。

男性の肩をぽんぽんと叩き

『診療チェアーが倒れます』

とわかるような手の動きをすると、男性はうなずかれました。

お口の中とレントゲン写真を見ると、歯の中に通っている神経まで虫歯が進行している事は間違いようがありません。女性に、

「あとは治療しておきます。何かあればお呼びするので、待合室でお待ち下さ

い」

とお伝えしました。赤ん坊を抱いたまま診療室にいる事は、事故につながる可能性があるのです。

再び診療チェアーを起こして、

『麻酔をします』

と手話でやった後、

『虫歯が神経までいっています。神経を取らねばなりませんが・・・・』

と手話ではどうするんだっけ？？

今後の事もあるので、メモ紙を取り出し

《筆談は可能ですか？》

と書くと、ＯＫと指でしてくださいました。

通常手話で「理解しました。了解しました」というのは胸をなでおろすような動作をするのですが、ＯＫマークの方が私にはわかりやすいと思っていただいたのでしょう。
『いつから痛いのですか』と手話
『二週間ほど前』と手話。そこから先は筆談で質疑応答をしました。

耳の聞こえる者は、筆談なら意思の疎通が可能だろうと思いがちですが、注意をしなければなりません。筆談がうまくできない方もおられるのです。

耳の聞こえる者は、意識せずとも多くの情報が、幼いころから勝手に耳から入ってきます。意識せずとも多くの情報が記憶にとどまっていきます。

五十音のひらがなを学習すると、その多くの情報を文字にすることができます。年を重ねてくると、それを漢字に置き換えていきます。その時はすでに文章として書くことができるのです。会話として覚えているからです。

これに対して聾唖の方は、耳から入ってくるはずであった情報を、意識して集めて、手話で情報を転換し、記憶にとどめます。

例えば「川というものはザーザーと音がする」という情報は学習した手話を使い、記憶にとどめる必要があります。

これを筆談するためには、手話の五十音に相当する指文字に置き換えます。この指文字を今度はひらがな五十音に置き換え、さらに文章および漢字に変換する必要があります。

手話の単語の並びと、発音会話の単語の並び順は違うのです。英語の単語の並びと、日本語の単語の並び順が違うのと同じです。

筆談ができるようになるためには、耳が聞こえる者が文章を読み書きするより、ステップをより多くクリアしていかなければならないということです。

具体的にいえば「こどもが、びょうきになったら、しょうにかに　つれていく」と筆談するとしましょう。

耳の聞こえる者は、子供のころ熱を出すと、あるところに連れていかれます。その子の親は「病院に連れていく」とか「小児科に行く」とか言っています。

ですので子供は知らずしらずの間に「しょうにか」という言葉と、その「場」を覚えられます。

小学校に入り、ひらがな五十音を覚えると「こどもが、びょうきになったら、しょうにかに　つれていく」を読めて、書けて、意味を理解し、その「場」まで理解できます。

聾唖の子供は熱を出すとその「場」に行かなければならないのは理解しますが、親に手話で《小児科に行く》と教わらない限り「場」とその場の名前を理解できません。筆談できるためには、指文字を覚え、ひらがなを覚えなければなりません。ここから「連れていく」「連れていかれる」的な文章表現を学習していきます。

でも《小児科に　つれていきなさい》と書いたとすれば、意味がわかりません。《小児科》と《しょうにか》が同じであると理解するには、一勉強必要だからです。

こんなお話しを聞いたことがあります。ある聾唖の方が病院へ行きました。検査の時、看護師さんがタオルを貸してくれました。看護師さんは筆談なら意思疎通ができるだろうと思い
《このタオルをかしてあげます》と紙に書かれました。その方はうなずかれ、検査を受けました。終わるとタオルを持ったまま帰って行かれました。看護師さんは言いました。

「あの人タオル返してくれなかったんですよ。持って帰ったみたい。ずうずうしいね」

いかがお思いになりますか？ 手話言語以外に十分日本語文字・文章を学んでおられない方であれば、勘違いしても仕方がないことなのです。

《このタオル》《かして》《あげる》 こう読まれた、いえ「見られた」ならどうでしょう。

「かしてあげる」と一音で聞いたわけではないのです。

「貸します。そして差し上げます」

私は「障害者」という言葉があまり好きではありません。なにが「障害」なのでしょうか。

まさか障害のない者が障害のある人のことを、『自分が生きていく上で「障害」となるもの』と考えているなどでは絶対、金輪際ないと思います。じゃあ何が障害なのでしょう。

たぶんある能力が「劣っている」あるいは「無い」ので、その事が「この社会の中で生きていく事」の「障害」、「生きにくさ」になるという意味だと思います。

では「この社会」は誰が作ったのでしょう。

私が作ったのです。あなたが作ったのです。

「社会」という言葉に、私は、あなたは、傍観者にはなれないはずです。私もあなたも社会の構成員なのですから。

「障害者」は生まれながらに「障害者」であったのではないのです。私が作っている社会の中でその人を生きにくくしているのです。

私がその人を障害者にしたのです。

ある島国があります。そこの住人は遺伝的に耳が聞こえない方が多いのです。そこの島では、ほとんどの方が手話ができます。いえ、手話が日常会話なのです。その島では耳が聞こえない方は「障害者」ではないのです。

誰もが生きやすい社会であってほしいと思います。そのためには、一人一人が生きにくさを持った人の心を感じ、手を差し伸べあって生きていくべきだと思います。

確かに強い人もおられるようです、しかしその強さにおごらず、自分で勝ちえた強さなどとは思わず、やさしい眼差しが必要だと思います。

休日当番の時来られた患者さんの多くは、次の診療からお近くの歯科医院に行かれます。こちらもそれを前提にして診療し、近くの、あるいはかかりつけ医に行かれることをお勧めします。

しかし、先の聾唖の患者さんは、ほんの片言の手話でお話しできただけでしたが、私どもの医院を気に入ってくださり、二市をまたいで通院してくださいました。

私も新しい手話を教えていただきながら、楽しく診療させていただきました。

仏教の本を読んでいると「*碍」という漢字を目にすることがしばしばあります。この漢字は「邪魔をする」という意味です。

仏教の言葉に「障碍」という語があり「しょうげ」と読みます。

仏様の智慧あるいは慈悲心を邪魔するという意味で使われていますが、使われているほとんどに、否定語がついて使われます。つまり、「仏様のお心が私たちに届くことを邪魔できるものは無い」という意味で使われていことが多いということです。

それほど仏様のお心は強く、無辺だということです。

「碍」という字は「がい」とも読むため「障碍」は「しょうがい」と読むことが多くなりました。そして「碍」は当用漢字、常用漢字からも外れているので「害」という字が使われるようになりました。

「障害（しょうがい）」という言葉ができたのです。

仏様のお心と私たちを繋ぐ教えが仏教です。その仏教には「障碍（しょうげ）」するもの無し。「障害（しょうがい）」は無いのです。

仏教には、障害者はいないのです。

＊「碍」は「礙」の俗字（異体字）、「害」は代用字となります。

無《む》礙《げ》

百千由旬の七宝の宮殿に乗じて**障礙**あることなく、
あまねく十方に至りて諸仏を供養するを、なんぢまた見るやいなや
『仏説無量寿経』

舎利弗、かの仏の光明無量にして、十方の国を照らすに**障礙**するところなし。
このゆゑに号して阿弥陀とす。
『仏説阿弥陀経』

臨終の時に至るまで**障礙**なからしむることあたはざらんや。
もし護持をなさずは、すなはち慈悲力なんぞましまさん。
『観経義疏』

智慧、無量無辺阿僧祇の土に遍満したまふに、**障礙**するところなし、これを
虚空と名づく。如来は常住にして変易あることなければ、名づけて実相といふ。
『涅槃経』

天神・地祇も敬伏し、魔界・外道も**障礙**することなし。
罪悪も業報を感ずることあたはず、諸善もおよぶことなきゆゑなり
『歎異抄』

補綴治療

『痛みなんかないほうがいいじゃないですか』

病気になると病院に行くわけですけれど、症状によっては、何「科」に行けばよいのか迷う時がありますね。「内科」かな？「耳鼻科」かな？それとも・・・・「歯科」？

大きな病院や、大学病院などに行くと大変です。「内科」だけでも「循環器内科」「消化器内科」「呼吸器内科」「神経内科」などなど。また「～外来」などというのもでてきます。「アレルギー外来」「頭痛外来」「いびき外来」色々ありますね。

実は歯科にもいろいろあるのです。看板などに標榜できる科は「歯科」「小児歯科」「矯正歯科」の三つだけです。しかし大学病院などでは「保存科」

「補綴科」「口腔外科」「小児歯科」「矯正歯科」「予防歯科」などがあり、「保存科」の中でも「保存修復科」「歯周科」などに分かれていたり、最近は「総合診療科」「インプラント科」など、新しい科ができたりしているようです。

そんな中でも「補綴科《ほてつ》」という科は読むのさえ難しい科ですね。何をしているのかというと、「被せ（冠・クラウン）」、つまり歯に帽子のように被せるものを作ったり、歯を失ったところに橋渡し、つまり「ブリッジ」を作ったり、あるいは取り外しの入れ歯を作ったりする科です。

それって「さし歯？」という声が聞こえてきそうですが、「さし歯」という歯科用語はありません。

だから私自身も「さし歯」というのはどのようなものかは知りません（想像はできますが）

患者さんが来られ、今後どのような治療をしていくかを説明していると、

「先生、さし歯ですか？」

「え、さし歯ってどんなものですか？」

「え？　え？　さし歯はさし歯じゃないんですか？」

「私、さし歯ってどんなものか知らないんですけれど、どんなものなんですか？」

「いや〜、私もよく知らないんですけれど・・・」

まあ、知らないのに、さし歯ですかとお聞きになるのって変じゃあないでしょうか。

「さし歯ですか」と聞かれ、私が「はいそうです」と答えていたら納得されたのでしょうか。不思議な会話になりますね。

いい加減でも世の中まわっていくのですね。いやいや、いい加減なところがあるからこそ、まわっていくのでしょうかね。良い加減といいますか、匙加減《さじかげん》といいますか、塩梅《あんばい》というのでしょうか。

今日の加藤さんの治療は、古い被せを外して新しい被せを作る治療です。つまり補綴治療です。

この歯はすでに神経を取ってあり、歯は削っても痛くありません。

加藤さんはこれまで何回も治療のために通院され、そのたびに麻酔をしたり、大きな口を長い時間あけたり、とご苦労をして来られました。

「加藤さん、今日は古い被せをはずして、型取りをするだけですよ。次回には被せができてきます。そのうえ、この歯は神経がないので、削ってもいたくないですよ。今日は麻酔もなしです」

「麻酔なしですか。あーうれしい」

「ほっとしました？」

「なんで神経なんかあるんでしょうね。ないほうがいいですねぇ」

「でも神経があるから痛みを感じられるんですよ」

「痛みなんか、ないほうがいいじゃないですか」

本当にそうですね。痛みなんかないほうがいいですよね。でも実は痛みを感じることは大事なことなのです。もしまったく痛みを感じなかったとしたらどうなるでしょうか。ケガをしても痛くない。炎症が起こっていても痛くない。大変ですよ。ケガをして血がボタボタ落ちていても、「まあいいか」とか、炎症を起こしてパンパンに腫れていても「腫れてるだけなら困らないし」とかで治療を受けないと、そのまま死んでしまうかもしれません。

虫歯だって痛いから、渋々ながら歯医者に来て治療を受けて、健康を守れるのですよ。痛みというものがないと、人類の寿命はズーッと短いでしょうね。

心の痛みだってそうですよ。最近うつ病、心の病《やまい》ということがよく言われています。心が痛いのに我慢するのでしょうね。ちゃんと心は痛いよ〜って言っているのに。

そうです、痛ければ「痛い」って言いましょう！

「そんなの言えるわけないでしょう」って思うかもしれません。でも言ってみることもいいかもしれませんよ。

我慢した後で声に出すと、その声は必要以上に大きくなったり、つい人を傷つけたりするいいかたになりがちです。また逆に我慢し通しだと、本当に言えなくなるかもしれませんね。

治療中、麻酔をしたにもかかわらず効果が十分でないのか、痛いのを我慢している人がいます。

「痛いですか」とお聞きすると、油汗を拭きながら

「はい」

「じゃあ、麻酔をたしましょう」

ぷちゅー（麻酔の音。音はしません）

「まだ痛いですか」

「いいえ」

（麻酔をたすだけですむんだから、油汗を出す前に合図してくれればいいのに・・私）

（なんだ、早く合図すればよかった、ホッ・・患者さん）


確かに痛いのは嫌ですね。でも痛みがあるが故に生きて行けるのも事実です。嫌なことであっても、見方を変えてよくよく観察してみると、自分を生かしてくれることもあるのです。

日々の暮らしの中で、なんとなく嫌な人、会いたくない人っているかもしれません。でもその人がいるから、今の自分がいるのも事実なのです。

好むと好まざるとにかかわらず、自分の周りの物、何一つ欠けても自分の存在は亡くなってしまいます。これが「因縁生起《いんねんしょうき》」という理《ことわり》なのです。

物事には必ず「原因」があります。「原因」があるとそれに沿った「結果」

が生じます。逆に「結果」から見ると、必ずそれを生じさせた「原因」があります。その「原因」と「結果」の間には「縁」という要素が加わります。一つのできごとがあると、それを「原因」として「結果」に向かって動きだすのですが、そこに「縁」という要素が加わり、「結果」が決まっていくということなのです。

これが「因縁生起」という考え方で、仏教の根本的な考え方です。初めから定まったものがあるという「運命論」とは考え方が少々異なります。

「周りのものがあって、自分がある」関係性の中にあるということ。逆にいえば「自分は周りのすべてのものの中にも内在する」

この真理に気がつくと、すべての人、すべての物がいとおしく感じられてきます。

雨粒で揺れる葉っぱを見ても、夕暮れの空を巣に帰る鳥を見ても、自分とそれらがつながっている感情が起こってきます。

え？　わき起こってこない？　思えない？
思えなくとも、一度いとおしいと思ってみてください！
きっと心が広く、平穏な気持ちになりますよ。
（そして麻酔注射をするのも、平気になるかもしれません）

矯正治療

『最近きれいになったな』

患者さんによっては、ずいぶん長い間お付き合いをさせていただく方もいらっしゃいます。

特に矯正治療をされる方はずいぶん長く、ずいぶん頻繁に来院をお願いすることが多いのです。

矯正治療とは歯並びをよくするもので、多くは前歯の見てくれをよくします。しかし歯並びは、前歯だけをさわって、よくなるものは少なく、奥歯もさわらなければならないことが多いのです。つまり前歯の歯並びを治すために、ほとんど全部の歯をさわらなければならないのです。

その矯正治療の一分野に「咬合誘導《こうごうゆうどう》」というものがあります。これは乳歯から永久歯に生え変わる時期に、歯並びに乱れが出てきそうな子供に対して行うものです。子供の成長に合わせて、顎の発育をコントロールしたり、生えてくる永久歯のスペースを確保したり、歯の方向を変えてやることにより、歯並びが悪くならないように、誘導する治療です。

私の医院では、*取り外しの装置をはめてもらい、「咬合誘導」することが多くあります。

取り外しの入れ歯のような装置でおこなうこの方法は、長所もたくさんあるのですが、短所もあります。

最大の短所は、その装置を入れる子供自身が、歯並びをよくしたい、という思いがないと成功しないという点です。

取り外しの装置ですから、きっちりお口の中に入れておかないと、効果はゼロ。いくら親御さんが歯並びをよくしたいと思っていても、子供が親の見ていないところで装置をはずしていると、どうしようもないのです。

そして咬合誘導を用いる矯正治療は小学校の三、四年生ころから高校を卒業するころまで通院しなければなりません。親知らずの生えてくる関係があるので、小学校の時にきれいな歯並びになっても、そのまま放置しておくと、また歯並びに乱れが生じてしまうのです。歯というものは動いていくものなのです。

菜ちゃんは三人姉妹の真ん中です。小学校の五年生から「咬合誘導」の装置を使い始めました。

週に一回医院に来て調整をして帰るのです。糸切り歯（犬歯）がきれいに出てくるまで、つまり中学に入るかどうか位までは、毎週来てもらいます。

菜ちゃんのご家族は、お母さんも、お父さんも、お姉ちゃんの陽ちゃんも、妹の亜紀ちゃんも皆が治療に来てくれます。

面白いもので、姉妹といえどもそれぞれ性格が違うのですね。

お姉ちゃんの陽ちゃんはしっかり者です。歯磨きもきちんとしているので、三人の中では一番顔を見ない子です。つまり虫歯が少ないのです。

三女の亜紀ちゃんは活発な女の子。運動会のかけっこでは、男の子を簡単に抜き去って一番になります。

次女の菜ちゃんは、どちらかというとおっとりしたタイプ。お話しするスピードもゆっくり。まわりをほっとさせてくれる笑顔がかわいい子です。

菜ちゃんの夢は、お母さんと同じ看護師さんになることです。きっと癒し系のいい看護師さんになるだろうと誰もが思う女の子です。

こんな菜ちゃんですが、矯正治療はそんなに甘いものではありません。何せ成長に合わせて行う治療ですから、期間が長いのです。子供にとっては、永遠に「歯医者通い」しなければならないのではと思えてくるでしょう。それも目に見えて治療の効果があるかというとそうではなく、知らない間にこうなっていたという感じの治療です。身長が知らない間に伸びていたと感じるようなものです。

菜ちゃんも一年くらいしてくると、だんだん装置を入れるのに飽きてきました。装置をちゃんと入れていたかどうかは、私たち歯科医が見ればすぐわかります。

「菜ちゃん、ちゃんと『矯正さん』入れていた？」

「（もじもじ）はい・・・」

「本当？」

「（もじもじ）・・・・・はい・・・・・」

一旦この状態になると、なかなか治療はうまくいきません。矯正装置を入れておくのがめんどうくさくなってしまうのです。ひょっとすると、お友達に装置を入れていることを、何か言われたのかもしれません。一進一退の状態が続きました。

ある日のこと、久々に菜ちゃん姉妹のお父さんが診療に来られました。なんだか告げ口するみたいですけれど、思い切ってお父さんに菜ちゃんの状態をお話ししました。

「菜ちゃんが今使っている装置は、自分ではめようと思って、きっちりはめていないと効果がでないんです。でも最近どうやら飽きてきてしまって、装置を入れたり入れなかったりしているみたいです」

「そうですか、わかりました。家に帰ったら早速話して聞かせます」

「何かおっしゃってくださるんでしたら、明日か明後日にしてくださいませんか」

「はあ・・・」

「ふと気がついたような顔をして、菜ちゃんの顔を見ながら、最近歯並びきれいになってきたな、って言ってあげてください。それだけでいいです」

「?・?・・わかりました」

　女のお子さんはお父さんが大好きなのではないでしょうか。（私は男三人の父親ですからよくわかりませんけれど）

菜ちゃんの次の診察日が来ました。

ビンゴー！

明らかにちゃんとはめていたのがわかります。

好きな人に自分の努力を認めてもらうほど嬉しいものはありません。それからは治療を始めたころのように、真面目に装置を入れてくれました。

中学生になってから、固定式の装置を入れました。固定式というのは、時々歯に針金のようなものを付けている人を見たことがあると思います。あの装置です。（P158の挿絵参照）

固定式装置は微妙な歯並びも調整できます。この装置を入れられるのも、あらかじめ取り外しの装置を入れていたおかげなのです。入れていなければ、歯を動かすスペース確保のため、歯を抜いて治療しなければならなかったはずです。

歯並びの乱れは顎の大きさと歯の大きさ（すべての歯を横並びにした時の長

です。


さ）のアンバランスが原因なのです。取り外しの装置は顎の成長を誘導したり、歯の位置を全体的に外側にしたりして、歯が生えるスペースを確保しておくのです。

固定式装置を使用して、完璧な歯並びになったところで、装置をはずして、夜間だけはめておく装置を作ってお渡ししました。

今、菜ちゃんは高校三年生。三か月に一回、夜間装着する装置の状態を見せに来てくれます。待合室では英単語の本を見ています。子供の時からの夢である看護系の学校を受験するためです。

お姉ちゃんの陽ちゃんは、すでに看護系の学校に入り、養護教員を目指して着々です。妹の亜紀ちゃんは陸上短距離でインターハイに出場しています。菜ちゃんはおっとりした笑顔健在です。

お父さんはというと・・・昔ほど娘たちに相手にされていないかもしれません。ご家庭では女四人対男一人で、ひょっとして肩身の狭い思いをしているかもしれません。

もう数年もしたら、娘たちは次々と自分の手元から離れて行ってしまうのでしょうね。

「そろそろ結婚する、とか言って出て行ってしまうかもしれませんよ」

「そうですかねぇ」

その時になって、小さな菜ちゃんに言ったのと同じことを、もう一度言うんでしょうね。

「最近きれいになったな」

ちょっとくさいセリフだけれど、涙目でいうと菜ちゃんなら素直に喜んでくれると思いますよ。お父さん大好きな、優しいいい子なんですから。

若い人の成長は驚くものがあります。羨ましくもあります。けれど時間はすべての人に平等に分け与えられてきます。ですからどんな年齢になっても成長していけるということです。どんな状態であっても変わって行けるということです。

年齢が上がってくると、つい衰退方向に眼が向いてしまいますね。

衰退、大いに結構！　それが順調なのです。


老化することは誰にも避けられません。そのまま受け入れればいいのです。でも、下を向いて生きるのはやめましょう。上を向いて生きて行きましょう。目をキラキラさせながら生きるのです。少しばかり冒険をするのです。

自動販売機でいつも買っている飲み物を買おうとしたとき、隣の飲んだことのない飲み物のボタンを押してみてください。まずい飲み物が出てきたら、「失敗したー」と大笑いしてください。

どんな年齢になっても、冒険は人を生き生きとさせてくれます。

あとは仏様に「おまかせ」の人生です。

*取り外しの装置　口絵⑥「拡大床」参照

小児歯科治療

『お母さんがんばって！』

お母さん、お父さん、おじいちゃん、おばあちゃん、お子さんを見守っている皆さん、お子さんの仕上げ磨きをしていますか？

子供さんが寝る前に、大人が子供の歯を磨いてあげるということをご存知でしょうか。子供さんが自分で歯磨きをした後で、磨き残しがないか、虫歯がないかを毎日確認するのです。そのあとで、磨き残しの場所を子供に話しながら、磨いてあげるのです。これを「仕上げ磨き」っていうのですよ。

「子供の仕上げ磨きは何歳までするものなんですか？」

お子さんを歯科治療に連れて来られたお母さんが、よく聞いてこられる質問です。

「いつ頃まで必要だと思われますか?」

お母さん1　「三歳くらいですか?」
お母さん2　「幼稚園まで?」
お父さん1　「さあ~」
お父さん2　「ヨメがやってると思います」
お母さん3　「・・・・?」

「お子さんは小学校一年生ですけれど、仕上げ磨きはまだ必要だと思いますよ」

「え? まだ必要ですか。もういいと思っていました」

「お子さんはおむつ取れてますか?」

「はい・・・？」

「いつおむつ必要じゃなくなりました？」

「オシッコとか言うようになった時からです」

「そうですよね、トイレでちゃんとできるようになったからおむつは必要なくなりましたよね。仕上げ磨きも同じです。ちゃんと自分で磨けるようになるまでしてあげなきゃだめなんですよ」

「・・・・」

「小学生になってもトイレでオシッコができなかったら、おむつしなければならないでしょ。同じように、自分で歯磨きができなかったら、やはり仕上げ磨きしてあげてください」

というようなことをお伝えするのです。多分お母さんのお心の中では

（エー　マジ〜？）

（だって嫌がってやらせないしー）

（ちょっとやな感じ、この歯医者）

とか思っておられるんだろなーと思いつつ、お話しするのです。


私の医院では、原則三歳以上は一人で診療室での治療を受けてもらいます。幼稚園までは子供専用の治療室を使用することが多いですが、小学生以上は一般の治療室です。


しかしお口の中の汚れが多いお子さんの場合、保護者の方が仕上げ磨きをされていない事が多いので、保護者の方に診療室に入ってきていただき、お口の中の汚れ具合を確認していただきます。

「磨き残しが多いですよ」

とお伝えすると
「ほらみなさい、ちゃんと磨きなさいって言っているでしょ」

とその場でお子様を叱られます。

「まだ幼稚園の年少さんですし、お母さん、仕上げ磨きしてあげてくださいね。今からお子さんに歯磨き練習してもらいますね」

「よく聞いとくのよ。」

と、やはり自分は関係ないよ、と言わんばかりに診療室から出て行かれます。

　子供を育てていくのは、本当に大変です。

「生んだのではなく、授かったと思いなさい」

などといわれることがありますが、実際にはなかなか理想通りにいかないのが現実かもしれません。

　子供は親の言うことを聞かないし、親も自分のしたいことはあります。子育てだけにかかりっきりとはいきません。仕事をしている親御さんであれば、仕事の疲れもありますし、時間もありません。

でも・・・

　やさしい笑顔を見せてあげてください。

優しく抱きしめてあげてください。

美味しい食事を、一緒に食べさせてあげてください。

温かい布団に寝かせてあげてください。

子供を殴らないでください。

子供のそばでたばこを吸わないでください。

子供を見捨てないでください。

そして、「仕上げ磨き」してあげてください。


私のことを決して見捨てない、そんな存在がいることが人間には必要なのではないでしょうか。

「そんな存在いないいなぁ」と思っていても、意外に近くにいてくれるかもしれませんよ。気がつかないだけかもしれません。

もしいてくれることに気づいたら、素直に「ありがとう」って、声に出して言いましょうね。

仏様が私を包んでくださっていることに気づかせていただくと、嬉しくなり、有難いなと思う心が起こってきます。

そうすると、とんでもない心が浮かんできます。

「私も誰かの心の支えになりたい」

仏様がそうだからといって、私がほかの人の心に寄り添っていけるなんて、とんでもない、おごった心です。

とんでもない心なんですが、ほとんど自己満足の心なんですが、優しい心が起こってきます。

人に寄り添いきるなんて本当はできません。でもある人がおっしゃってくださいました。

「隣にいてくださって有難う。初めて泣くことができました」

口腔外科治療

『大切に生きていきたい』

悩み多き患者さんです。気持ちは十分わかりますよ。

被せがはずれましたと、田中さんが来院されました。

被せの中は大きな虫歯でぼろぼろ。当然被せが維持できずにポロリと取れてきたという事です。

「先生、その被せ使えますか？」

持ってきてくださった被せを恨めしそうに見ながらお聞きになる。

「え？　あ、そうですねぇ・・・・」

虫歯が大きく、歯自体を保存できない状態。つまり歯を抜いてしまわなくてはならない状態です。被せが使えるか使えないかを考えるレベルではないのです。

「田中さん、虫歯が結構大きいんです」

「やっぱり使えませんか」

「いや、被せが使えるかどうかではなくって、歯が使えるかどうかなんです」

「使えるかどうかという事は、抜くってことですか？」

歯というのは、歯ぐきの下にある骨に、歯の根っこが刺さったようになっています。地面に杭が打ち込んであるようにです。その地面にビニールシートという歯ぐきが被さってあると想像してみてください。

地面から出ている歯が揺れたりしないように、刺さっている長さは、地面つまり歯ぐきから出ている長さの二倍以上もあるのです。

歯を抜いた経験のある方は抜いた歯を見て、「こんなに大きいの！」と思われた経験があるかもしれませんね。乳歯の場合は、歯ぐきに刺さっている部分、つまり歯の根っこ部分は、抜ける前に下から生えてくる永久歯に吸収されて無くなっています。ですから抜けた乳歯は歯ぐきの上の部分だけなので「大きい！」とは思わないのです。

今回の田中さんの場合は、歯ぐきから見えている部分は虫歯でボロボロです。虫歯の部分を削っていくと、骨の中にある根っこ部分まで削っていくことになります。

「抜歯ですね」

「抜歯って、抜くんですよね。今日ですか？」

「今日抜かなくてはだめということではありませんが、このままでよい状態ではないですよ」

「・・・・」

取れた被せを、チョ、チョ、っと付けてもらって、サヨナラしようと思っていらした田中さんにとっては、青天《せいてん》の霹靂《へきれき》、寝耳《ねみみ》に水状態でしょうか。

「何とかなりませんか？」

「何とかならないことはないです」

「え？　抜かなくてもいい！？」

「保険適応の診療以外になりますが、抜かなくてよくなる方法として二つあります。一つは矯正で歯を引っ張ってきて、ある程度骨の外に歯を引っ張り出してくる方法。もう一つは、歯の周りの骨を削って、相対的に歯を骨の上に出す方法です」

「骨を削るんですか」

「歯の上の部分、つまり噛む部分が虫歯で無くなると、骨の中に埋まっている部分、つまり歯の根っこ部分しかなくなりますね。そこから土台を建てて、金属の被せをかぶせると、骨の中から金属の被せが出てくることになり、歯ぐきを金属が貫通するような被せになります。すると歯ぐきが炎症を起こします。だから何とか骨より上に出ている歯の部分から被せが被っている状態にしなければならないんです。

そのために歯を引っ張って出すか、歯の周りの骨を削るかになるんです」

「・・・」

「わかります？　田中さん？」

「なんとなくわかりますけれど、歯を引っ張るってどうするんですか？」

「短い針金を両隣の歯に橋渡し状にくっつけて、その針金から井戸の水くみの

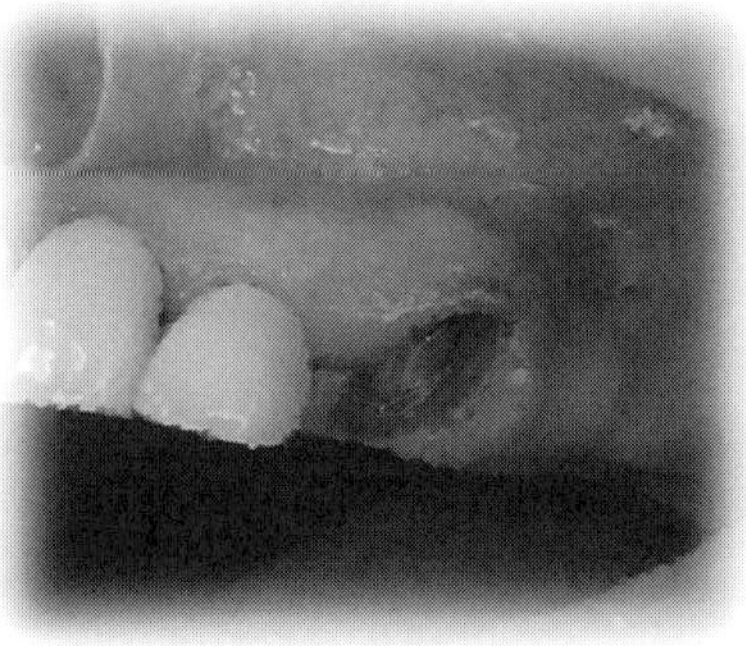
抜きますか？

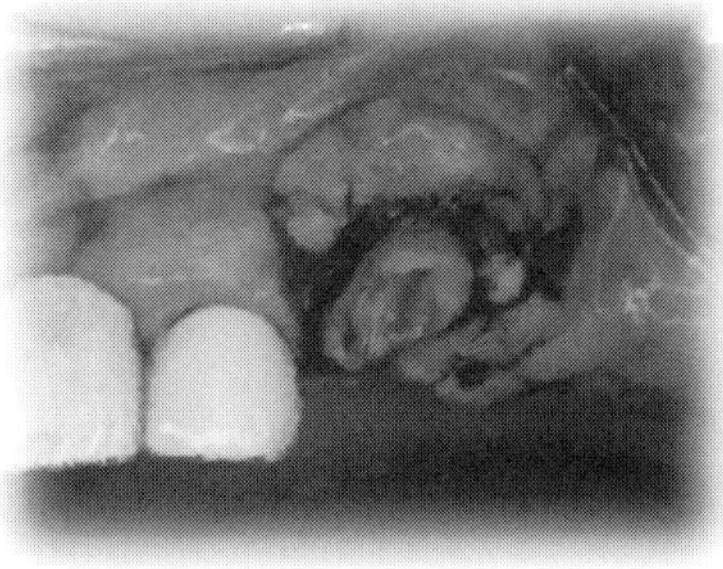
骨削

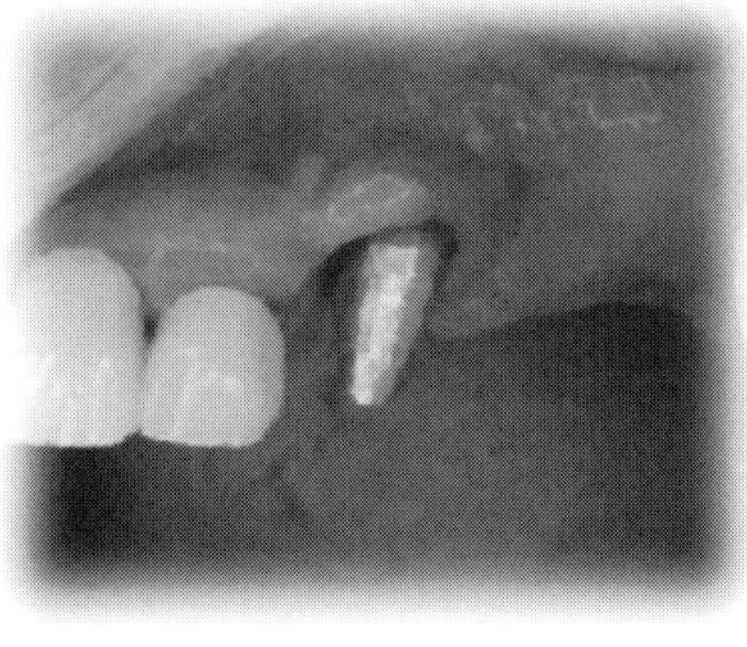
土台の状態にできました

ようにして、ごく短い輪ゴムで歯を引っ張るんです。そうすると歯が少しずつ出てくるんです。この方法は歯ぐきとかを切らなくて済みますが、時間と来院回数がかかります。それと細かいことになるかもしれないんですが、引っ張った歯に付いて骨も盛り上がってきて、最終的に盛り上がってきた骨を削らなくてはいけなかったりすることがあります。また引っ張っている輪ゴムをはずすと、出てきた歯が、また骨の中に引っ込んで行ったりすることがあるんです。初めから骨を削る方法に比べると、不確かな方法かもしれません」

「やはり骨を削るんですか・・・」

「この医院でやるんでしたら、初めから骨を削る方法をお勧めします」

「今日やりますか？」

「いえいえ、よくお考えになられてからで結構です

針金にゴムを引っ掛けて歯ぐきの中の歯を引っ張っています

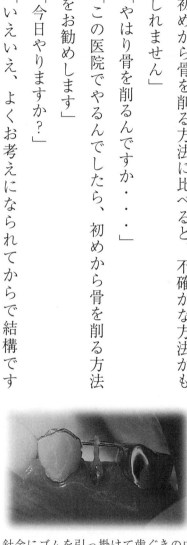

よ」

「やはり抜かないとだめですか」

「え？　いや・・・方法はないことはないですよ。今ご説明しましたよね」

「削りますか・・・骨」

「そうですね、それがいいと思いますよ。その歯は根っこが長いですから、少々骨を削っても、骨に刺さっている根っこの長さは残りますからね」

「痛いですか？」

「いいえ、麻酔をしてやりますので、痛くはないですよ。あとも大きな痛みは残りませんね。」

「腫れますか？」

「少し腫れた方も今までいらっしゃいましたが、気にならない程度だと思います」

「何日くらい会社を休まなければならないでしょう」

「会社ですか？　もし午前中に治療したら、午後からご出勤されても大丈夫だと思いますよ。お仕事は力仕事でしたっけ？」

「いえ、ほとんど座っています」

「じゃあ、大丈夫です」

「抜いたら骨は削らなくてもいいんですよね」

「抜いたら削りません」

「抜いたほうが楽でしょうか？」

「楽？・・・楽というと・・・早く終わるという意味ですか。それとも気持ち的に楽ということですか」

「いや～・・・この被せ、はまりませんよねえ」

なんだか永遠に続きそうです。お気持ちは十分わかります。

　私は、同じような状態の人に、同じような説明を、何度も何度もしています。

それは私にとっては、日常的で、まるで歯磨きするのと同じようなものですが、その患者さんにとっては、一生に一度の恐怖かもしれません。だから同じ説明を何度もします。

お仕事をしていると、毎日のことでついゾンザイになりがちなことってありませんか。でも考えてみれば、その毎日同じことと思ってやっているそのことも、実は一生に一度のことなのです。よく似た繰り返しかもしれませんが、決して同じではありません。それが人に対して行うことであれば、その方との出会いは一生に一度であることは間違いがありません。

毎日の繰り返しを大切にすることが、大切に生きるということなのです。いただいた命を大切に、大切に・・・そして、丁寧に生きたいです。

「菩薩」と呼ばれる方がおられます。仏様におなりになる直前で、まだ修行段階の方なのです。仏様の一歩手前ということですね。

仏様の中に阿弥陀仏という仏様がおられます。阿弥陀仏が仏様になる一歩手前、まだ法蔵菩薩と呼ばれる時代に、

「すべての生きとし生けるものを救いたい」

と願いを立ててくださいました。

その願いを成就する方法はないかと「五劫《ごこう》」のあいだ思案を廻らされたそうです。

「劫《こう》」というのは時間の単位です。あるお経には「劫」を次のように説明されています。

「一劫は六〇km四方の岩を、一〇〇年に一度天の羽衣《はごろも》でこすって、その摩擦で岩が擦《す》り切れてなくなってしまう時間に相当する」とあります。果てしもない時間であるという意味でしょうね。

「寿限無《じゅげむ》」という落語があります。この落語の中に、長ったらしいめでたい

名前が出てくるのです。その長い名前に「五劫の擦《す》り切れ」という言葉が出てきますが、聞いたことがありませんか。仏教からきた名前に間違いはないでしょう。

阿弥陀様は「五劫」の間思案を重ねた後、次にその思案に沿って「行《ぎょう》」を行われたのです。その間が「兆載永劫《ちょうさいようごう》」という時間です。「兆載」というのは一兆年という意味。「永劫」とは永遠の「劫」という意味。すなわち量ることのできないほどの時間ということです。

これほど長い時間「私」のためにお働きくださったのです。いただいた命をぞんざいにするわけにはいきませんね。

毎日、毎日、そしてこの瞬間、瞬間をなんとなく過ごすということなく生きていきたいです。

総合治療

『あなたは今、どこに立っていますか？』

下の顎に取り外しの入れ歯を入れておられた大城さんが来院されました。

初めて当院に来られました。他医院でつくってもらった入れ歯を、半年前までは使っておられたのですが、どうしても痛くて、お口に入れておけないというのが主訴《しゅそ》でした。入れ歯の治療だけではなく、お口の中を総合的に治療することもご希望でした。

*取り外しの入れ歯というのは、物だけ見れば結構大きなもので、飴玉などよりずっと大きく、こんなものをよく口に入れたままでおけるな、という感じがします。

そんなに大きなものを入れておける要因の一つに、動きが少ない、つまり安定していると言う事があります。ころころ動く飴玉のようなものをずっと口の中に入れておくのは大変ですが、噛んだガムを口蓋《こうがい》（上顎の裏側）に薄く、ペタリと貼り付けておくのは、比較的違和感が少ないですよね。

大城さんが使っておられた入れ歯を見せていただくと、いかにも口の中で動きそうな感じがする入れ歯でした。動くと違和感もあり、痛みも出るのです。

このような形の入れ歯にすると安定して、痛みが出ることが少ない入れ歯になりますよ、とご提案をしました。

「そのような入れ歯にする時は歯を削りますか？」

「そうですね。入れ歯には歯に引っ掛けておく針金のようなもの（クラスプ）が必要です。上の歯と下の歯は口を閉じるとぴったり噛みあっていますよね。入れ歯についている針金は、歯の噛む面の舌側から頬側に渡るので、歯がぴったり噛みあっていると、その針金を噛んでしまいます。ですから針金を噛んで当たらないよう、針金が通る隙間を作る必要が有ります。その隙間分の歯を削らなければなりません。歯を全く削らないと、針金を噛んで、うまく上下の歯同士が噛めないのです。」

「できたら、歯を削りたくないのですけれど・・・」

「そうですか、それでしたら先ほどご提案した入れ歯は無理ですね。全く歯を

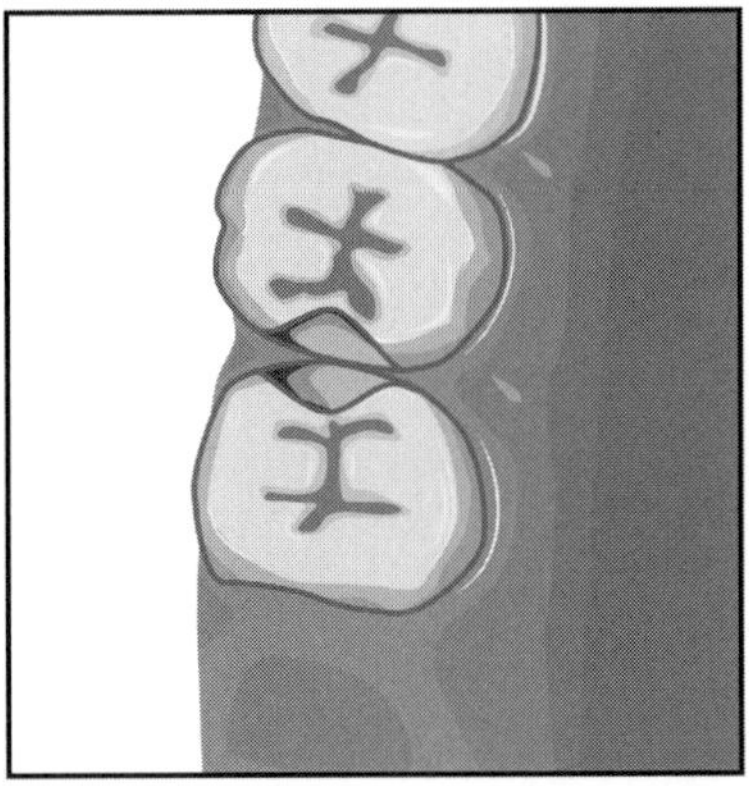

スペースを削った歯

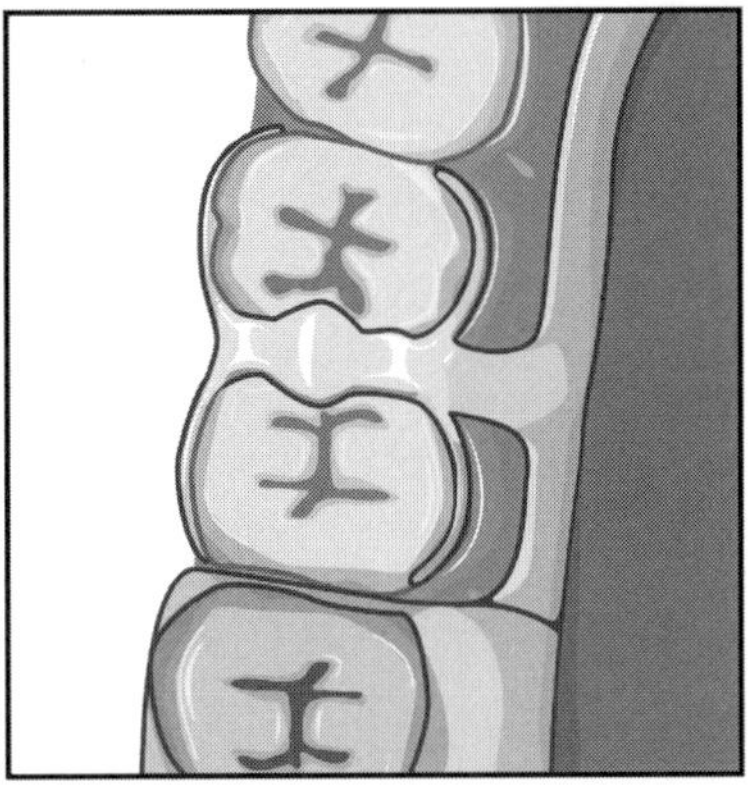

はまり込んだ針金（クラスプ）

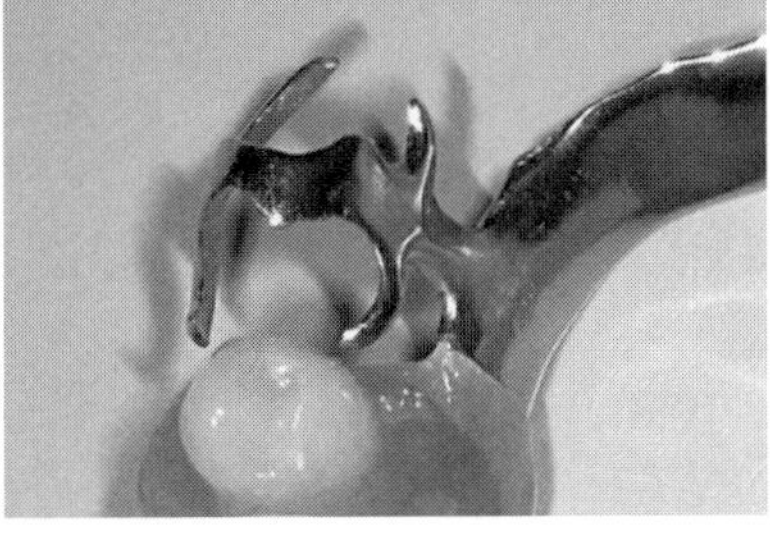

実際の入れ歯

削らずにというのであれば、インプラントという方法もありますよ。骨の中にネジを埋め込んで、それを芯にして歯の形にするんです。それならば歯は全く削らなくてもいいですよ」

「大体わかりました。しかし歯を抜くという事は、あと後まで大変ですね」

「そうですね。悔んでおられますか」

「悔んでいます！　本当に悔んでいます」

　大城さんは総合的な治療をご希望されていたので、口の中全体を診査させていただきました。入れ歯を作らなければならないこと以外にも、口の中には問題がたくさんありました。
①口を大きく開けると顎の関節部分にコキッと音がする（顎関節症《がくかんせつしょう》）
②虫歯が十本程度ある（う蝕《しょく》）
③根っこの先に膿を持った歯がある（慢性根尖性歯周炎《まんせいこんせんせいししゅうえん》）
④適合の悪い被せが被さった歯がある（不適合冠《ふてきごうかん》）

⑤歯石が多く付いている（歯周炎）

大城さんにそれらをご説明しました。

「先生、麻酔しなくてはだめですか」

「麻酔ですか？　麻酔は治療に際して痛くないようにするものです。注射する時に若干の痛みを感じたり、麻酔が取れるまで不快であるとか、何となく怖い、と思われるかもしれませんけれど、麻酔を使わないとほとんど治療ができないと思います。大城さん、先ほど歯を抜いて悔んでおられるとおっしゃっていましたね。大城さんの口の中には、すでに抜いてしまわなければならないくらい、状態が悪い歯があります。このまま放っておくと、もっと悪くなる歯もたくさんあります。気持ちは解らなくはないですが、はっきり言ってしまうと、麻酔をするとかしないとか悩んでいる状態ではないんですよ」

ちょっと冷たいようですが、状況をはっきり認識して、気持ちを整理していただかない限りは、口の中の状態は良くなりそうにないのでお伝えしました。

多分、このままですと、口の中のあちこちに痛みが現れ、全身の健康状態にも悪影響を及ぼすでしょう。

実はこういう方、結構おられます。ずるずると必要な治療から逃げている方の行動を、外から見ていると、次のような状態に見える場合があります（必ずこうなるという意味ではないですよ）

なんとなくいつもだるそう
無口な感じ
口臭がする
仕事や勉強が長続きしない
仕事や勉強に積極性がない
絶えず「肩こりがする」と言っている
食事の量が少ない

人付き合いが悪い
顎のあたりが腫れることが多い
寝込むことが多い

これらの症状は慢性の炎症があるためで、痛みや発熱、倦怠感が絶えず起こってくるのです。

噛み合わせが無くなり、顎関節症になり口が開かない、筋肉が張って、肩こりがする。

炎症による口臭がするし、痛みのため歯磨きもできない状態です。

その他、口の中にあるばい菌が全身に回り、心臓弁膜症等の重大な病気にまで発展します。

何事においても、現在の自分の状態というのを把握するという事は大事なことです。

道に迷った時大事なのは、いま自分がどこにいるかを見つけることでしょう。自分がどこにいるかがわかれば、そこから北に行くべきなのか、南に行くべきなのかもわかってきます。自分がどこにいるかを知っていれば、人からアドバイスをもらっても理解しやすいです。

何かの壁にぶつかったときには先ず立ち止り、今自分はどういう状態かを考えてみましょう。それもできるだけ客観的にです。

自分の位置がどこなのかを考えながら、同時にそのあとどうしようかなどと考えてはだめです。一緒に考えてしまうと、その先麻酔が怖いとか、削るのが嫌だとかの感情に左右されて、肝心の現在の自分の位置がハッキリしなくなるからです。

人からアドバイスをもらう時も、まず人から見て自分がどういう状況で見えているかだけアドバイスしてもらうと良いでしょう。

自分がどういう状況かを紙に書き出してもよいと思います。そうするとどうすべきが見えて来ます。

見えてきた時、
①　やっぱりこのままでいいと思ったらそれも人生です。そのままの人生をお送りください。
②　何とかしたいけれど具体的な方法がわからない時は、解決した理想の自分を思い浮かべ、そこに行くための目標を立ててください。そしてその目標に近づくための、より身近な小目標を立ててください。次に身近な小目標に向かうための些細な行動を決めて、その些細な行動を実際に始めてください。始めるのが大切です。始めると動き出すものです。行動を始めたならば、本来行くつもりで無かったところかもしれませんが、新たな自分が生まれて来ます。きっと生まれて来ます。
③　しかし自分が見えてきても、どうしても身動きがとれない時は、多分価値

観が間違っています。あなたが大切だと思っている事、価値があると思っている事が、見方を変えてみると、あまり価値がないことなのかもしれません。別の方向に転換してもいいことなのかもしれません。お金や名誉や、義理や責任。まだ起こってもいない不幸に恐れること等のように・・

「えーい、思い切って捨ててしまえ！」

人がこの社会を生きていくうえで、不公平と感じることはいっぱいあります。先の見通しが立てられる人、苦手な人。立てた見通しに対して適切な行動がとれる人、取れない人。

いろいろな不公平の中で生きていかねばなりません。その不公平に嘆き、涙し、落胆せねばなりません。

本当に身動きができなくなった時、いつもそばに寄り添って下さる方がいることに気づけたら幸せですね。仏様は、私が弱かろうが、能力がなかろうが、泥まみれだろうが、間違っていようが、一切差別なく寄り添ってくださいます。早く仏様の存在に気づかせていただきたいものです。それが仏教に帰依するということなのです。

*取り外しの入れ歯　口絵⑦「可撤性床義歯」

補綴治療

『わからないという事を、わかろう』

お口の中の歯には番号がついています。

番号の振り方にも色々あるのですが、いま日本で一番多く使われている番号の振り方は、前歯の正中から奥に向かって、1番、2番、3番・・・と呼ぶ方法です。この方法では糸切り歯は三番になりますし、六才臼歯は6番。親知らずは8番となります。

お口の中は、上下左右に分かれますので、一本一本の歯の呼び方は「右上の5番」とか「左下の3番」とかいうわけです。

今日は「右上の7番」に大きな虫歯ができてしまった、大谷さんが来院されました。

虫歯が大きすぎて抜歯しなくてはなりません。抜歯になる事のご説明をしていると、

「抜いた後どうなりますか?」

抜いた後どうするかは重要なことですね。

歯を抜いた後どうするかは補綴《ほてつ》治療と呼ばれる治療領域が担当です。補綴治療がなぜ必要かを考えてみますと、
① 歯を抜くと噛む場所が減るので、それを補わなければならない。
② 見た目を回復しなければならない。
③ 歯並びが乱れてくるのを防がなければならない。
④ 顎関節の機能を守らなければならない（顎関節症にならないようにする）

これらのことを満足するために、大谷さんにどのような治療が有るのかを説明

しなければなりません。
大谷さんの場合（右上の7番を抜いた場合）
①を満足するために、抜いた歯に代る物を入れなければなりません。
②については「右上の7番」つまり奥の方の歯ですので、必要度は少し下がります。
③について、一般に歯は前に前にそして上に上に（生えてくる方向に）動こうとします。例えば6番を抜くと、その奥の歯である7番が手前に倒れこんできます（5番も少し奥へ倒れることもあります）
そして上の歯を抜くと、抜いた歯と噛みあっていた下の歯が、上方に移動（伸びてくる感じです）してくる

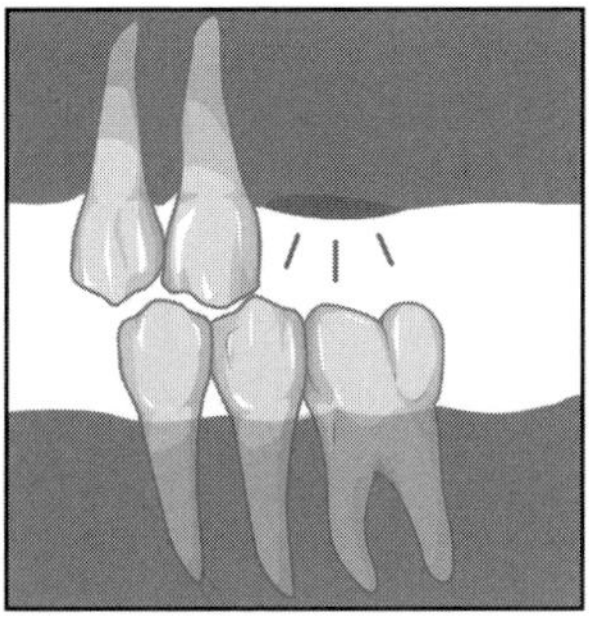

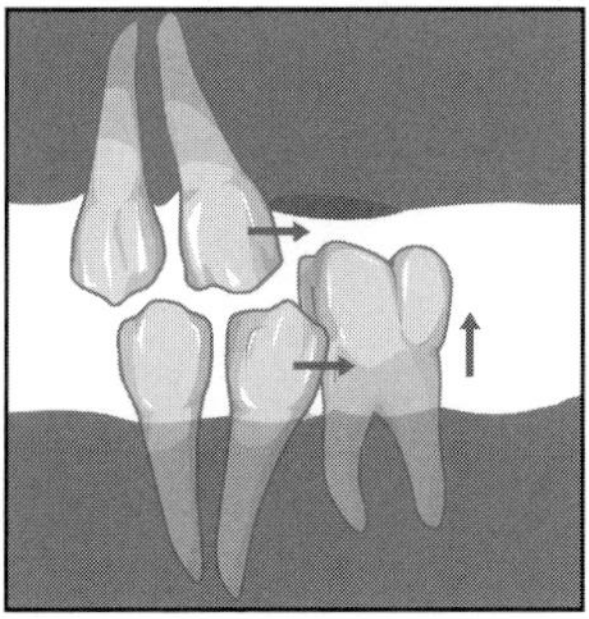

のです。そのため①と同様に、抜いた歯に変わる物を入れておかねばなりません。

④については、噛む所が無くなると下あごの位置がずれて、あごの関節がコキコキ鳴ったり、痛みが出たり、場合によっては口が開かなくなったり、肩こりがしたりします。

大谷さんの場合（右上の7番を抜歯した場合）について、ちょっとややこしいですが、実際にはどうするかをご説明してみましょうか？ ややこしいですよ。いいですか。読みます？？ 本当に？

五つほどの方法が有ります。

その一　ブリッジという方法。

7番を抜いたので、5番と6番の歯の全周をくるりと削り、被せをかぶせます。その被せ同士がひっ付いています。連結しているのです。

さらにその連結の被せの後ろ、つまり7番の位置に金属でできた歯の形をしたものを引っ付ける。

連結の被せの後方に腕が伸びている感じです。「延長ブリッジ」と呼ばれるもので、「片持《かたも》ち梁《ばり》」といえばイメージが湧く方もおられるのではないでしょうか。

取り外しでは無いので、違和感が少ないですが、二連結の被せを被せるため、歯を削る量が多いです。

ちなみに保険がききます。

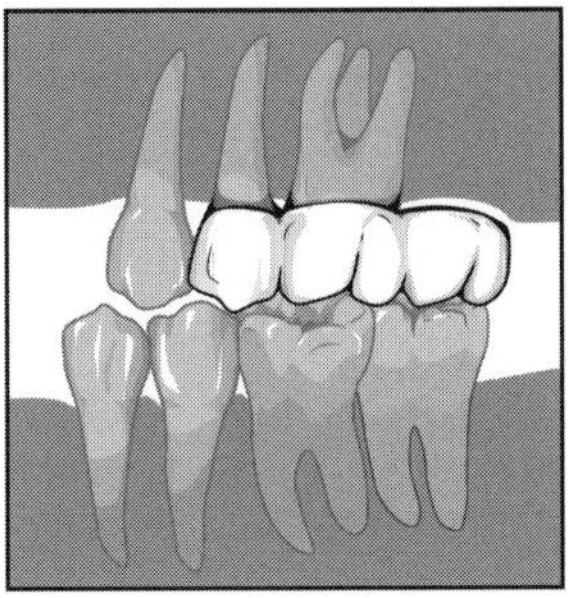

延長ブリッジ

その二　取り外しの入れ歯。

今回の場合、無くなった歯は一本だけなので、この方法を選択される方は少ないですが、残っている歯を削る量が大変少なく、保険がききます。でも違和感が高いかもしれません。

その三　インプラントという方法。

歯を抜いた所の骨に、チタンのネジ様の物を埋め込み、それを土台として歯を作っていくものです。一番違和感が少なく、他の歯を削ることもありません。

非常に良い方法です。しかし治療期間がかかるのと、手術をしなくてはなりません。保険はききません。


その四　下の歯の6番、7番の歯に連結の被せを入れる方法。

この方法は、先のご説明した三つの方法とは考え方が少し違います。先の三つの方法は、抜いたからその分埋めるという考えです。四つ目の方法は、補うという考えではないです。

歯というものは、上の歯と下の歯が噛みあって初めてその場にとどまっています。つまり上の歯を削る、あるいは抜くと、その歯と噛みあっていた下の歯

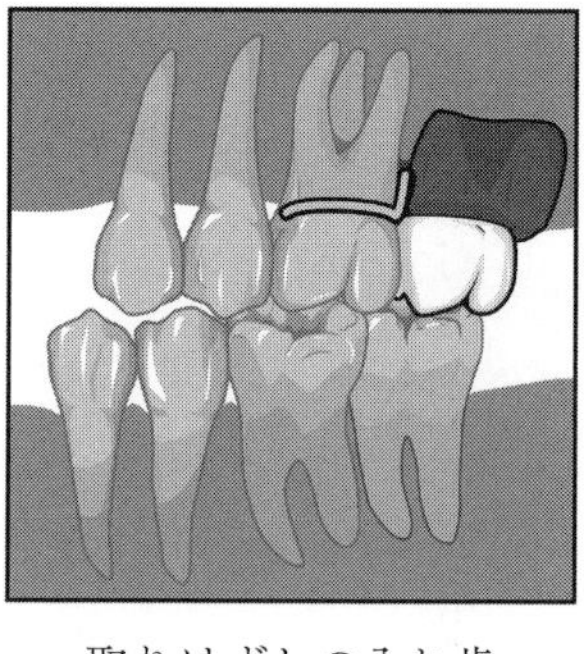

取りはずしの入れ歯

が上のほうに移動してしまいます。歯が延びてくるイメージです。

歯が移動してくると、歯並びの乱れが生じて、虫歯や歯周病を誘発したり、顎関節症になったりします。そのため延びてきそうな歯と、それと隣接している歯とを連結しておき、歯の移動を食い止めておこうとするのがこの考えです。

ですからこの方法は、歯並びの乱れは防げますが、噛める場所は増えません。下の7番は口の中にありますが、役に立たない歯となってしまいます。

上の5番、6番は一度も治療していないので、削りたくない。しかし下の6番、7番はすでに被せなどが入っている、という場合などに選択される時が有ります。保険診療が可能な場合が多いです（場合によってはききません）

その五　そのまま。

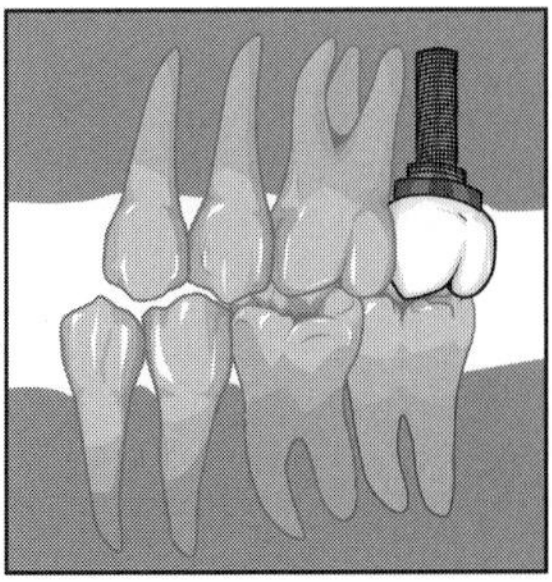

インプラント

そのままを治療方法に入れるか否か、迷うところですが、それも人生の選択肢の一つでしょう。
また下の7番がすでに前の歯と連結されている場合や、ブリッジの土台となっている場合に選択されることが有ります。歯の移動が起こりませんからね。その四を先にやってしまっているようなものです。

以上のように説明させていただきましたが、お読みいただいて感謝します。なんだかわかりづらく、読むのが嫌になったでしょ。診療室では患者さんに絵を描いたり、模型を使ったりしてご説明するのですが、やはり解りづらいと思います。

その上治療費がいくらくらいかかり、治療期間がどれほどかかるかを説明するわけですから、さあどれにしますかと聞かれても、ハイ何番でお願いします、

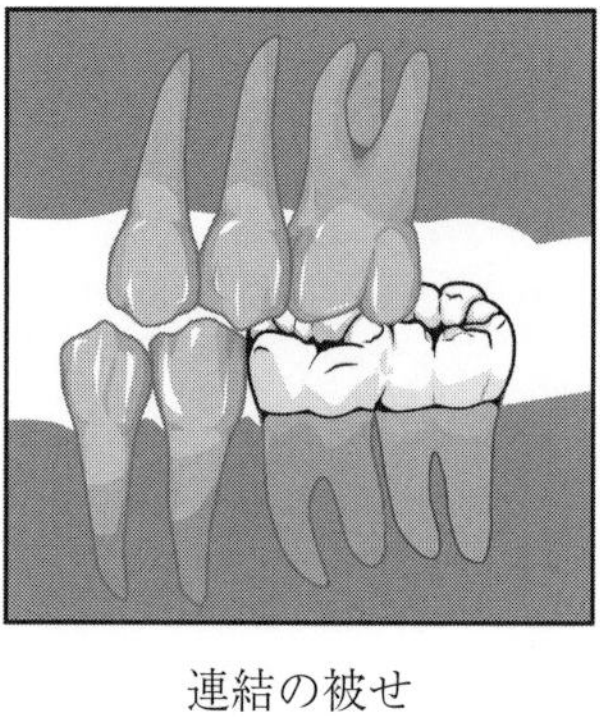

連結の被せ

なんてすぐには答えられませんよね。

次回来られる時までに考えていてください、とお願いするのですが、
次の来院時・・・

「考えておいてくださいました？」

「考えたんですけれど、よくわからなくて」

「何番めが解りづらいですか？」

「？・？・？・」

またはじめから、ご説明するのです。


先日近くの病院に検査に行きました。看護師さんは検査の手順と検査場所を親切に説明してくれました。

「まず、向かいの中央検査室に行って診察券を出して下さい。そこで血液検査をした後、用紙をくれますのでそれを、Cカウンターに出して下さい。またお

名前を呼びますので、そこの廊下を右に曲がったところのＣＴ受付に、この用紙を出して下さい。ＣＴを撮った後、用紙をくれますので、Ｃのカウンターにその用紙を出して下さい。お名前を呼びますので、先生の診察が有ります」

「ハイ、解りました！」

「では、よろしく」

「はい・・・」（ん？　まずなにをするんだっけ？）

説明を聞いている時は、

「向かいの中央検査室に行って診察券を出す」　ＯＫ！

「血液検査をする」　ＯＫ！

「もらった用紙をＣカウンターに出す」　ＯＫ！

「名前が呼ばれるまで待つ」　ＯＫ！

「廊下を右に曲がったところのＣＴ受付にこの用紙を出す」　ＯＫ！

「ＣＴを撮る」　ＯＫ！

「用紙をくれるので、Ｃのカウンターにその用紙を出す」　ＯＫ！
「名前が呼ばれるまで待つ」　ＯＫ！
「先生の診察を受ける」　ＯＫ！

説明を聞いている時には、順々に「ＯＫ！」「ＯＫ！」と納得するのですけれど、説明が終わった後、はいどうぞ、といわれると、あれ？なんだっけとなってしまいませんか。順番が解らなくなったり。

ご説明してくださった看護師さんは、丁寧に、わかりやすく説明してくださったのですよ。でもご自分は手順が解っているから、説明したら理解でき、相手は行動できると判断してしまいます。その上これ以上は説明のしようがないとも思われるでしょう。実際そうなんです。でも説明を「ハイ、ハイ」と聞いて、本人も理解したと思っているのに、実際は聞いた時ほどすらすら行動できないし、頭の中でも反復できないのです。

個人の理解力や記憶力にもよるとは思いますけれどね。

人に何かをわかってもらおうと思ったら、一回説明したぐらいでは理解してもらえないのが、当然と思った方がよいでしょう。

それを「理解してもらえない」とか「聞き入れてもらえない」とか考え、腹を立てたり、文句を言ったりするのは、全くの独り相撲だということです。こちらは説明しているつもりでも、相手にはまったく呑み込めていないのです。自分の思い通りに動いてくれないのは当たり前です。

逆に言えば、一度断られても、何度も粘り強く説明していれば、うまくいくことも多いのです。もっとも説明の仕方も少し変えた方がいいかもしれませんね。

方法とタイミングを考えることをお忘れなく。できたら、メールや電話ではなく、直接お話させていただくほうがうまくいくようです。顔を見ながら聞いていただく言葉や、ちょうだいする言葉には単なる言葉だけではなく、心がこもっていますからね。

独り相撲せずに、粘り強く。

「何度も言わんでも解ってる！」

と怒られても、逆切れして怒ったり、腹を立てたりせずに、

「そうか、そうか、わかったか。よろしい、よろしい」と心の中で楽しんでください。腹を立てずに葦のごとくに。

健闘を祈ります。


仏様のお心を頂戴したいなと思い、お説教などをお聞きするのですが、

「ふんふん、あ〜、なるほど、なるほど、南無阿弥陀仏、南無阿弥陀仏・・・」

有難いお説教をお聞きできたなぁ。

「どんなお説教だったの？」

「有難いお説教だったよ」

「内容は？」

「ん？　内容はね、え〜と、内容はね・・・・」

ザルのような私の記憶力！

でも安心です。そんな私を目当てとしていてくださるのが阿弥陀様です。

仏教のことをたくさん知っているから救われるのではありません。

お説教の内容をちくいち理解していることが救われる条件でもありません。

阿弥陀様が絶えず私に微笑みかけてくださっていることに、気づくことが大切なのです。

Menu du jour

被せのメニュー

金属

12%金銀パラジューム冠

ゴールド冠

チタン冠

銀合金冠

中に金属　外に白い素材

レジン前装冠

硬質レジン前装冠

ハイブリッドレジン前装冠

ポーセレン前装冠

中に金属なし

硬質レジン冠

ハイブリッド冠

ポーセレン冠

CAD/CAM冠

ジルコニア冠

ジルコニア・ポーセレン冠

治療には色々な選択肢があります。一本の歯に被せるのも、上記の数だけ種類があります。保険がきくもの、きかないもの。審美性に優れているもの、破損が少ないものなど、特徴があります。

医院のスタッフも含めて、治療者とよくご相談のうえ、納得して治療を進めてもらってください。

悩みは絶えませんけれどね。

ポイントは、選択肢の条件はよくよく聞いて、悩むのはご自宅で！　です。

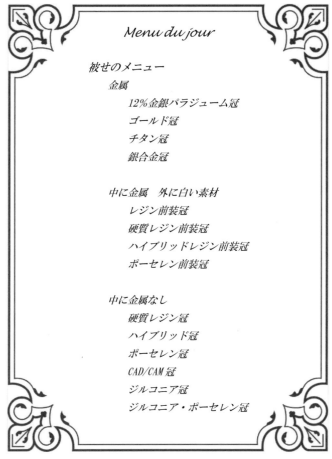

矯正治療

『きれいな歯並びになりたいですか』

かつてアメリカのＵＣＬＡという大学にいたことがあります。

いろいろ驚くことがありましたが、中でも二つ忘れることのできないことがあります。

その一つは民族差別です。わたしたち日本人に関して言えば「オリエンタル」に対する差別です。アジア人に対する差別というところでしょうか。そんな差別が今でもあるの？　とお思いになるかもしれませんが、「ＵＣＬＡもダメになったものだ。白人よりオリエンタルのほうが多くなってしまった」など、何の遠慮もなく言ってのけます。

第二次世界大戦を戦った人が多い時代には「ジャップ」「イエローキャブ」

などの言葉をよく聞かれたようですが、最近は参戦した人も数を減らしたからか、その手の露骨な言葉は少なくなったようです。

私がいたころは、やはりベトナム人に対する、敵意ある言葉を多く聞かれました。

もう一つ驚いたことは、歯科矯正についてです。今はどうかわかりませんが、私がいたころＵＣＬＡの医学部、歯学部では、その年の首席卒業生は大きなポスター大の写真となって、学生生協の前に飾られるのです。行かれたことがある方は熊の銅像がある近くの売店を思い出してください。

「そーなんだ。この子たちが主席か〜」

と私は呑気に感心をしてその写真を見ていたのですが、その写真を見て通り過ぎる人の何人かが、歯学部首席卒業者の写真を指でコンコンとこついていくのです。

「？・？・？・」

なんでみんなコンコンするの？　同じ研究室にいた先生に聞いてみました。

「これだよ」

その先生は皆が写真にしたのと同じように、自分の歯をコンコン。

よくその写真を見ると、誇らしげに微笑んでいる首席卒業の女の子は八重歯で、正面の歯が少し重なっていました。

「そうか、歯学部の学生なのに歯並びが悪いから、非難しているのか」

と、納得をしていましたが、少し違いました。

後から、長年ＵＣＬＡに勤めている日本の方に話を聞いてみると、

「あれはね、彼女が矯正治療もできない家庭に育ったってことを暗に言っているんですよ」

「そうなんですか。でもあれくらいの歯並びの方は、日本では普通にいますよ」

「歯学部の学生だということと、何といっても首席だということもあるでしょうけどね」

そういえば、日本の皇族で歯並びのお悪い方に対する密かな嘲笑や、ミスユニバースでは矯正が必須だとか聞いたことがあります。

あるアメリカ映画で、女の子が別の女の子と自分を比較して、「私はだめよ、でも彼女は髪の毛は素敵だし、歯並びは完璧だし、かないっこないわよ」というセリフを聞いたことがあります。

日本人が感じている以上に欧米では歯並びにシビアなのかもしれません。

私もブラケットと呼ばれる小さな器具を歯に直接接着剤で付けて、矯正治療をすることがあります。

ブラケットというのはスイカの種くらいの大きさで、金属やプラスティック様の素材でできた、四隅に高まりが付いている材料です。解りにくいですね。四隅に高まりがあるので、十字に溝があることになりますね。

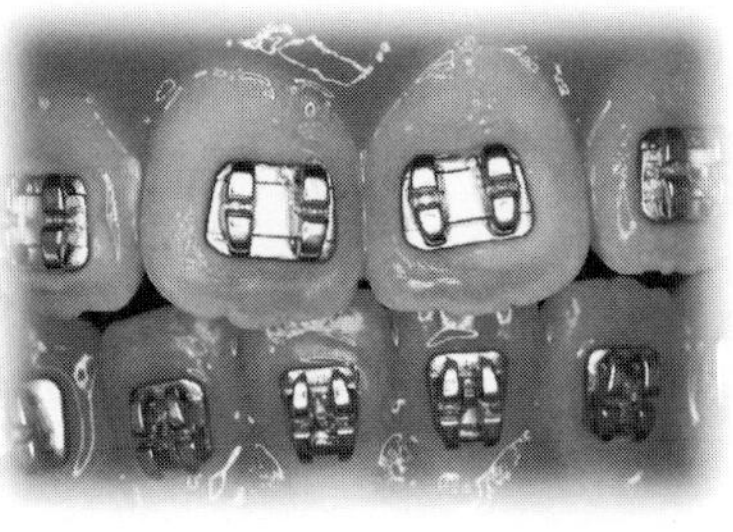

金属のブラケットが歯に付いている状態

これを各歯に接着していき、十字の横溝を連ねるように針金を通していきます。ブラケットと針金は、ごく細い針金やごく小さな輪ゴムを四つの高まりを利用して止めるのです。針金の弾力を使ったり、別のゴムで引っ張ったりして歯に力を加えます。

歯は力を加えられると、押された方の骨を溶かし動いていきます。動いたあとは骨に空洞ができることなく、新たに骨を作っていくのです。これが矯正治療です。

この矯正治療、子供と若い女の子しかできません・・・というのは言い過ぎでした。

何故このようなことを言うかというと、少々痛いのです。歯が動くときに、絶えず押されているからじんわり痛いのです。瞬間的な痛みなら少々我慢できても、継続的にジワ~と痛いのはなかなか嫌なものです。

また先ほどご説明した、ブラッケットというものは、出っ張っているうえに、でこぼこしているのです。そうすると、歯の表面についているので、唇の内側に当たって痛いんです。口内炎になり、その口内炎の所をまたブラケットがぐりぐりとこするのです。痛いのなんのって私なら嫌になります。（歯医者がこんな事を言っていいのでしょうか）

これらの痛みに耐えられるのは、「我慢しなさい！」と親にいわれ渋々我慢する子供と、「何としてでも綺麗になりたい」と切実に思える若い女の子だけです。わ！また言い過ぎました。各年齢とも、誰でも矯正治療は可能です。大丈夫です！・・・＊たぶん。

ブラケットを歯の外ではなく内側（裏側）に付ける方法もありますが、全ての人にその方法が使えるかというとそうではありません。治療費も一般に高くつくようです。

その他ブラケットも金属製だけではなく、透明な物を使うことも可能です。従来に比べて審美的《しんびてき》に目立たなく治療できます。

ここで一つ質問ですが、歯科矯正治療は美容整形だと思われますか。「あの人、整形手術受けてはるんよ」といわれる対象になるのでしょうか。美容外科の先生の名言（？）で心に残るものもありますね。「コンプレックスを持ちながら生きるなんて、自分をいつわって生きることです」

「美容外科を受けたほうがよいと思う人は来られなく、受けなくてもいいと思う人がたくさん来られる」等など。

国によっては、「プチ整形」なるものを、ごく当たり前のように受けているということを聞いたことがあります。

「プチ整形」とは・・・二重瞼《ふたえまぶた》にする。あるいはヒアルロン酸という薬を注射して、鼻を高くしたり、ほうれい線を目立たなくする。今はやりの表情で、「笑顔の時口角をキュッと上げる」などちょっとした整形のことをいうそうです。今のところ「プチ整形」の定義ははっきりしないようです。

美容整形を受けるハードルを下げるための商業ベース言葉でしょう。日本でも結構多くの方が「プチ整形」を受けておられると聞いています。

歯科矯正治療は、食事を摂取《せっしゅ》することや、構音障害《こうおんしょうがい》（おしゃべりの時きれいな発音ができない）が生じる場合は保険がききますが、一般には保険はききません。歯並びが少々乱れていても、健康維持にはさほど影響は出ないでしょう、という考えからです。

しかしながら歯並びの乱れがある場合と、きれいな歯並びの場合とを比較すると、やはり虫歯や歯周病に罹患《りかん》するリスクは違っています。

歯を磨くというのは相当技術がいることです。しかし、その技術修得のため訓練することも、まだまだ少ないですし、健康を維持するため、歯磨きが必要だ、と高くは認知されていません。要するに多くの人が、歯磨きがうまくできないし、する必要をあまり強くは感じていないということです。

そこにきて、歯並びの乱れでデコボコしている所をきれいに、毎日清掃できるかというと・・・やっぱり不利です。

歯科医の立場で考えると、歯並びは良いほうが健康管理しやすいといわざるを得ません。


容貌《ようぼう》の美醜《びしゅう》をどのように考えればよいのでしょうか。

「美醜を問うなかれ」と言いたいところですが、実社会ではどうでしょうか。

この社会は、涙が出るほど不平等だ、と感じておられるのではないでしょうか。

「美」の感じ方は人それぞれですし、時代によっても違うようです。時代によって違うということや、エリア（地方）によって違うのは、他人の意見によって「美」の感覚が影響されているということでしょうね。

つまり「美」に関する感覚も操作されているということです。

確かに何十年、何百年、美しいと思われているものもあります。世界のどこにもっていっても、美しいと思われるものもあります。「醜」についても同じことがいえます。

「美」があるから「醜」を感じ、「醜」があることにより「美」を感じる。「美」と「醜」は表裏一体なのでしょうね。

しかし容貌に関してはその表裏がくるくると回るようです。「もう少し鼻の低いクレオパトラ」のほうがお好みだと思われる方は多くいらっしゃると思います。

(クレオパトラさんにお会いしたことないですがね)

なぜ「美醜を問うなかれ」などというのでしょうか。それは「問うことがばかげている」と気づかれている方がおられるからでしょう。そして、その「違い」に、「価値」あるいは「優劣」をつけるなということでしょう。ほとんどの「美醜」は操作された感覚なのですから。

少なくとも自分の好みを人に押し付けることのないようにしたいと思います。

そして、どうしても違いに「価値」「優劣」をつけてしまう自分であるという
ことを自覚して、生きていこうと思います。

不遜《ふそん》ながら、私が仏様を有難いと思う最たるものは、一切の差別がないとい
うことです。条件をお付けにならないということです。
ただそのことに気づくかどうかは、私によります。
雨が降っているとき、雨粒に濡れる人もいれば、濡れない人もいます。空か
ら降る雨は誰彼《だれかれ》と差別することはありませんが、受ける私が傘をさしていれば
雨には濡れません。
平等の雨粒を私自身が拒絶していることがあるのです。

私たちの幸福感は、人との比較によることで感じることが多いです。「人よ
り良い服を着ている」「人よりいい家に住んでいる」「人よりいい車に乗って

いる」「人よりきれいな髪をしている」「人より若く見える」「人より記憶力がいい」「人より・・・、人より・・・」

いったい「私の本当の価値」は何なんでしょう。決して人との比較から見つけられるものではないと思います。

実社会においては、「違い」をしっかり認めましょう。そして「違い」に押しつぶされないようにしてください。あなたは、あなたなのです。自己中心でない心を持ちながら、自分を大切にしましょう。それでももし押しつぶされそうになったら、一切平等の仏様に包まれていることを思い出してください。あなた一人を見ていてくださる仏様がおられるのです。

*正確に言いますと、どのようなジェンダーであろうとも、「美」に対する要求度が高い人ほど可能でしょうね。

虫歯は「美」「醜」に関係なく
治療を受けましょう！
痛くなくとも、見た目はどうでも
よくとも、健康を守るために、
治療を受けてください。
命にかかわりますからね。

小さなお子様を保育中の保護者の
皆様、虫歯はうつりますよ。
特に離乳食を与える時期、食べ物
を歯で小さくしたり、舌・唇で温
度を確かめたりするとき、虫歯菌
が感染します。
あなたの虫歯菌が、かわいい乳幼
児のお口の中で大暴れし始めま
す。

歯周治療

『大喜びで「ありがとう！」』

「何カ月ごとに来たらいいですか？」

虫歯の治療も終え、歯ぐきの治療も終え、治療最後の日に晴れ晴れとした顔つきで聞かれます。私もちょっとうれしい時です。

自覚症状はないのだけれど、定期的に来院してもらい、診《み》ることを、リコールと呼んでいます。

何カ月ごとのリコールがよいのでしょうか。人によって違うのです。

例えば、

子供さんで歯磨きレベルがまだまだのお子さんならば、三カ月に一回は来てもらいます。

泣き虫でやっと治療ができるようになった子は、治療ということを忘れないように、一カ月に一回です。

小学校のお子さんならば、学校の長期休暇ごとに来てもらいます。でも虫歯になりやすそうな子はやはり三カ月に一回です。

大人の人はどうでしょうか。

プロの目から見て、歯ぐきの状態はよく、そこそこ歯磨きテクニックを持った方であれば、六カ月に一回です。それ以上になると歯に歯石が付きすぎて、歯周病になる危険度が上がります。歯石が付いていると汚れが付きやすくなり、またついた汚れを除去しにくくなるので、口臭の原因にもなります。

歯周病を治療してやっと治した方は、もっと短い期間でリコールに来てもらいます。ふたたび悪くなる危険性が高いからです。短い人で月に一度です。つまり毎月です。

歯周病になるのは、歯磨きレベルが大きく影響するわけですが、そのほかにも噛みあわせの状態、食いしばり（夜中の歯ぎしりを含む）、口呼吸（唇が閉じていない人も含む）、全身疾患などが複雑に絡んでいます。

噛みあわせが悪く、特定の歯どうしだけ強く当たっていると、歯周ポケットが深くなります。

食いしばりも、歯に強い力がかかりすぎるため、歯ぐきが悪くなります。

口で息をする人、あるいは口が閉じていない人は、口の中が乾き、又唾液がサラサラでなくなるために、唾液による汚れの除去効果が落ち、歯周病になりやすいです。同じ口が乾くにも、全身疾患から唾液が出にくくなる病気があります。

糖尿病の人は炎症に弱いため歯周病になりやすいです。それから煙草もダメですね。

「たばこを吸うんだったら、歯ぐきはあきらめてください」

という歯医者さんもおられます。

橋さんは六カ月に一回、必ずリコールに来られます。

リコールの時は、レントゲン写真を撮り、それを見ながら、三倍くらいに見えるルーペを使い、一本一本歯を見ていきます。

歯と歯の間は強い光を当て、光の透過具合から虫歯の有無を見ます。

（微小電流を歯に流し虫歯を発見する機器もありますが、どうも使いづらく、上手くいかないです）

それから歯周ポケットの深さを測り、歯の動き（動揺度）なども診ていきます。

「橋さんOKです。いい状態ですよ。今日は歯石を取って、歯の表面の汚れを落としましょう」

「OKですか！　よかったー」

歯石を取るのは、*超音波スケーラーと呼ばれる「ピーン」という音を立てながら水を出す機械と、小さな小さな鎌のような形をした（いろんな形があるんですよ）＊手用スケーラーと呼ばれる器具を使って取っていきます。

でもこの超音波スケーラーが苦手な人が結構おられます。痛みを感じたり、歯がしみたりするのです。またあの音も嫌ですよね。

患者さんによっては、身体を硬くしながら、何とか超音波スケーラーで歯石を取った後、

「有難うございました」

とおっしゃってくださるのですが、ちょっと元気がない。よく見ると背中のシャツが汗でくっついている。

（冷や汗か・・・）

実はそんなに痛くなくても、力が入るのですよね。私のほうも痛くしてやろうなんて思ってはいないのですが、付いている歯石は落とさなければならないし。健康な歯ぐきになってほしいと思って、ルーペを掛けながらキンキンとやるのですが、がっくりと力を落として帰られる姿を見ると、何ともやるせない

気分なのです。

「あー気持ちよかった！　歯と歯の間がシーシーして気持ちいいですね」

橘さんはいつもそう言ってくださいます。その上、歯の汚れを落とすため、酸っぱい粉と水がジェット噴射のようにして出てくる機械（当院ではエアーフローと呼んでいます）で歯の表面の汚れを落とし終わると
「わーきれい！　真っ白」

と鏡を見ながら、毎回大喜びをしてくださるのです。

そのような患者さんは何となく嬉しいですね。


医者は病気を治すのが仕事ですから、黙々と診療するわけですが、やはり医者も人間。喜んでいただいたり、感謝していただくと嬉しいものです。

それは医者に限ったことではないですよね。

「ありがとう」の心は、周りを温かくしてくれます。それに「ありがとう」

の心は、いくら振りまいても在庫切れがありません。

お金を払っているから当たり前。仕事なんだからあたりまえ。そういう役なんだから当たり前、と思っていたら、幸せは払ったお金分より多くはやってきません。せいぜい半分がいいところです。

でも「ありがとう」の心があれば、幸せは払ったお金より、何倍にもなってやってきます。それが「ありがとう」の力です。

実は「ありがとう」という人は、「ありがとう」といいながら、有難うという感謝に匹敵するいい所を、相手の中に探し出すのです。そして探し出してまた気持ちよく「ありがとう」といえるのです。

いわれた方は、「どういたしまして」とその感謝の言葉にふさわしい自分になろうとするのです。

しかし悲しいことに、これらの逆の人もいますね。「そんなの、あたりまえ」と何でも思う人です。そして「ありがとう」といわれても「ありがとうと言われて、あたりまえ」と思う人です。

本当は「あたりまえ」と思うため、どれほどの人が、その人を支えていることでしょう。人だけではないですよね、動物も、花も、草も、昆虫も、ウィルスまでもが休みなく働き続けて支えてくれています。それらを「縁」と呼びます。

「縁」によって生かされていることに気づきましょう。たった一つの「縁」が欠けただけでも、あなたの存在はなくなってしまうということに気づきましょう。

「あたりまえ」という前に「ありがとう」といいたいですね。

*超音波スケーラー　口絵②「超音波スケーラー」
*手用スケーラー　口絵③「手用スケーラー」

歯を白く！

歯を白く見せる方法は三種類ほどあります。

一、被せを入れて、その被せの色を白くする。
歯を削って被せをかぶせます。歯を白く見せ、虫歯も治し、歯並びもよくする方法としてよく使われます。（芸能人とかで）極端に歯が白い方はこの方法を使っているのでしょう。被せの素材により保険がきく場合と自費治療になる場合があります

二、ホワイトニングする。
歯に被せ物がない天然歯に使えます。どこまでも白くというわけにはいきませんが、明らかに歯そのものの色が白くなります。歯の表面もきれいです。ピカッと光ったような感じに仕上がります。お勧めです。
自費治療です

三、エアーフローを使う。
杉本歯科医院ではエアーフローと呼んでいますが他の医院では他の呼び名があるかもしれません。炭酸水素ナトリウムのパウダーをジェット水流と共に歯に吹きかけ汚れを落とします。歯本来の色を変えるのではなく、たばこのヤニや茶渋のような外来沈着物を落とす方法です。歯は思いのほか汚れが沈着しているので、使用すると「あー白くなった」と思われるでしょう。自費治療です。

総合診療

『長生きさせていただきます』

大学を卒業し、多くの先生や患者さんのおかげで今の歯科医としての自分があるわけですけれど、振り返ってみますと、あっという間の日々であったような気がします。

歯を削ったり、被せをこしらえたり、あるいは歯を抜いたり作ったりと日々おこなってきました。

そのように日を重ねてきたので、最近は日々の治療において、困った！　という事も無くなってきたように思います。若かりし頃は・・・いやいや今でも十分若いのですけれど・・・今よりは若かりし頃には、治療においても、患者さんとの付き合いにおいても、迷ったり、困ったりすることが日常的にあったように思います。

最近は自分のできることが分かってきたのと同時に、やらねばならない範囲の治療に、熟達してきたのかもしれません。

新たな治療方法に挑む事もありますが、自分の技量というのがある程度解かっているので、無理のないように挑む（？）事ができるように思います。

しかし患者さんと向き合う中で歯科医として、どう患者さんと共に生きていくかを考えさせられたり、教えていただいたりすることはまだまだたくさんあります。


以前、年配のご婦人高見さんの診療をしていく中で、楽しく、また教えられる会話をさせていただきました。

高見さんは私より三〇年ほど人生の先輩です。毎月、リコール（定期検診）に来られます。

「高見さん、今月も状態は良かったですよ。またひと月間頑張って歯磨きしておいてくださいね」

「あと何年生きられるか分かりませんけれど、毎日の歯磨きは頑張っておきます。悪くなっても、先生がいてくださるから安心ですよ」

「有難うございます。そう言ってくださると、なんとなく嬉しいです。でも高見さん、私だっていつ逝くかはわかりませんよ。年の順とは限りませんからね。診療が終わって病院から帰る途中にボン！　と車にあたって、どうなるか分からないじゃないですか」

「先生、そんな事をおっしゃってはだめですよ。たとえそうだとしても、お医者様は患者より長生きしなければだめなんです。先生は私よりお若いからいいんです」

「若いからいいんですか？」

「そうです！　そうすれば私が悪くなったとき、いつでも先生に診ていただけるじゃないですか。だから患者は安心なんです」

「そうなんですか」

「そうなんです！　お医者様は治療をしていただかなければだめなんですが、患者に安心も与えなければならないんです」

「わかりました。じゃあ、長生きさせていただきます」

「はい、有難うございます」

高見さんは私が長生きする事に、有難うございます、と言ってくださいました。

実際のところ、私は
「人の命は与えられたもの、自分の差配でどうのこうのできるものではなく、頂いた命を大切にしながら生きさせていただく」

この事を忘れず毎日を送ろうと考えています。

　ですから「自分の命」などといいますが、自分の所有物のように考えず、今自分のできる最大の努力をしつつ、感謝の生活をするようにしていこうと心掛けているのです。そんなところから「いついかなる時でも」の覚悟もまた必要だと考えていました。

しかしその事を患者さんである高見さんに、声に出してお話ししたら、お叱りを受けたという事です。なるほどと思えるお叱りでした。医者としての生き方、話し方のご指導でした。

正論を訴えることは当然正しく、必要です。しかし、その必要性は自分にとって必要でも、他の人にとっては気が重くなることもあるのです。またその主張が、聞く人に苦しみを与えてしまうこともありますね。

相手の事情やその時の心理状態。その場の状況。声のトーンや言葉の選択。十分配慮して話さなければなりません。気をつけます。

しかし・・・・

一〇歳代・二〇歳代の人は自分が正しいと思う事は、どんどん主張しましょう。陰でこそこそ陰口を言ったり、仲間内でグタグタ言わないで、堂々と自分の意見を言いましょう。また言える勇気と、その意見が正しいと判断できる知的裏付けを身につけていきましょう。寛大さを考えて主張しないでおくと、人前で堂々と自分の意見を言える度量《どりょう》は、一生身につきません。

しかし覚悟しておいてください。

どんどん主張していく、この大切な事を続けていくと、必ず壁にぶつかるでしょう。当たり前です。いくら正しいことであっても、自分の意見を押し通すというのは、大きな欲望に根ざしているからです。

苦しみの原因は欲望に有ります。欲望があればあるほど、苦しみも増えます。苦しみたくなければ、欲望を捨てればよいのですが、欲望があってこそ進歩がなされ、世の中の役に立つことができるのも事実です。

だから、若い時はガッツリ、壁にぶち当たりたいものです。壁にぶつかったとき、自分が苦しいと思うでしょう。それによっていかに人を苦しめていたかということにも気づくことができるでしょう。若い時に気づかねば、年を重ねていっても人の心に配慮できない人間になってしまいます。

でもね、苦しみが大きく、どうしても乗り越えられないと感じたら・・・・逃げましょう！　退散です。

思いっきり、退散してもいいです。人に助けを求めるのもいい方法です。思い切って「たすけて」というと、お人よしといいますか、いい人は思いのほか身近にいるものです。チョット助けてもらうと助かりますね。どっぷり助けてもらおうと欲を出すと、また苦しみが生じますよ。

逃げて、義理を欠いて、恥をかいて、もし謝らなければならないと思ったなら、心をつくして謝りましょう。

人生は色んな道があります。そんな道なんて気づかない、と思うかもしれませんが、意外とあるんです。

一度退散して、再びその苦しみに対峙《たいじ》した時は、かつての自分ではありません。苦しみを味わい、人の苦しみも気づくことができる自分になっています。

退散したり、回り道をしても、遅いなんて事は決してありませんよ。

それ、つらつら人間のあだなる体を
案ずるに、生あるものはかならず死に帰し、
盛んなるものはつひに衰ふるならひなり。
さればただいたづらに明かし、いたづらに暮らして年月を
送るばかりなり、これまことになげきてもなほかなしむ
べし。このゆゑに、上は大聖世尊よりはじめて、
下は悪逆の提婆にいたるまで、
のがれがたきは無常なり。

先生がいるから安心なんです

ありがとうございます

根管治療

『ガスを抜くと痛みが取れますよ、よかったですね』

歯科医院には、ほっぺを大きく腫らして来られる方がおられます。ほっぺが大きく腫れる原因は色々ありますが、大きな原因としては二つあります。

一つは、親知らずの抜歯を代表とする外科処置後の腫れ。歯ぐきを切ったり、骨を削ったりすると、身体の反応として腫れを起こすのです。この時は外科処置をするというのですから、あらかじめ腫れることが予想可能です。患者さんとしても覚悟ができているので、少々腫れても我慢ができます。また腫れも三日から一週間もすれば退いてきます。痛みも術後二〜三日で随分よくなります。

腫れる原因のもう一つに、歯の根っこ部分に膿がたまり、腫れることがあります。場合によると、顔が変形するくらい腫れ、痛みも相当なものです。歯の中には神経が入る管が走行しています。管と言っても神経が詰まっていますから、空ではありません。この管は、詳しく見ると植物の根っこのような形で広がっていますが、太い管は数本です。

虫歯がひどくなりこの管の中に虫歯のバイ菌が入ってしまうと、当然神経の中でバイ菌が繁殖することになり、時間とともに神経が死んでいってしまいます。

でもこの状態では痛みがあっても、腫れることはありません。腫れるのはこの後です。痛みについては、この段階でも当然あります。

神経が死んでしまい、神経が入っている管全域にバイ菌が繁殖した後、バイ菌は歯の根っこの先から溢れ出ます。歯はあごの骨に刺さるようにして、つまり地面に杭が刺さるようにして立っています。

その杭の先からバイ菌があふれ出るということは、骨の中にバイ菌が貯まっていくということです。

身体の中にバイ菌が入ってくるので、身体はそのバイ菌をやっつけようと反応を示します。これが炎症です。

身体の反応として、膿や、バイ菌が出すガスなどが出てきて、それが骨の中で貯まってきます。*周囲の骨を溶かしながら貯まっていくのです。

その貯まっていく速度によって、痛みがでる場合と、静かに静かに骨を溶かしていく場合があります。骨を溶かす速度よりも、膿やガスが発生する速度が大きくなった時、つまり膿がたまっている場所の圧がぐんぐん上がってきたとき、腫れてくるのです。

閉鎖空間（骨の中）で圧が上がっていくのですから、痛い！　会社を休んででも、学校を休んででも、デートをすっぽかしてでも（？）歯医者を訪れます。

「とにかく、この痛みをどうにかしてくれ！」ということです。

この時、患者さんの正直な気持ちは、歯の存続よりも、顔の腫れよりも、とにかく痛みを何とかしてくれということでしょう。

痛みを取る方法は大雑把にいえば「ガス抜き」です。パンパンに腫れあがった風船からプシューとガスを抜いてやれば、ひとまず痛みは軽減されます。

その「ガス抜き」の方法は？　二通りあります。

一つは歯の噛む面から穴を開けてやり、神経が入っていた管の入り口に達し、さらに管を通って根っこの先まで到達すると、その先に溜まっている膿やガスが抜けます。

もう一つは、腫れている歯ぐきを切って膿を出す方法です。膨らんでいる風船に針を刺すようなものです。

理屈を聞くと簡単そうですが、両方法とも難しいところはあるのです。

歯ぐきを切る方法は、タイミングがあります。腫れている歯ぐきが風船のようになっている時は、風船に切り込みを入れ、プシューと抜けばいいです。しかしスポンジに膿がたまって、腫れている感じの時もあるのです。スポンジに貯まっている場合、いくらスポンジを切ったところで、中にたまっている膿がプシューと抜けるか、というとそれはちょっと無理。いくら切っても膿は出てこないのです。

もう一つの歯の噛む面から穴を開ける方法。これは神経が入っていた管というのは大変細く複雑です。また以前治療したことがある歯の場合、その管を詰めもので人工的に閉鎖しています。つまり膿がたまっている歯の根の先まで、到達するのが難しい場合があるということです。

何とか根っこの先まで行きたいと、針のような器具を使って、先へ先へと行くわけですが、どうしても先へ行けない時もあります。そんな時は先詰まりの管の中に浸潤性の高い消毒の薬を入れます。薬が気化して消毒効果を出す薬を使います。

昔からある薬ですが、最近はその薬を好まない先生もおられます。人体に対して刺激が強すぎるからとお考えのようです。

それに加え、抗生物質などの飲み薬を飲んでもらい、膿の出を抑えたりして、痛みの対処とします。これで痛みがましになる場合も結構あります。

しかし・・・

痛みも腫れも取れない場合があります。膿の出や、ガスの出が多い場合です。そんな場合は次の日来られた時に、露骨ではないにしても、まるで私が腫れを起こさせたような、非難めいた態度をお受けせねばなりません。

私と患者さんが逆の立場であったならと考えると、その腹立ちは十分理解できます。痛みを取ってもらおうとわざわざ来院したのに、痛みが取れないのですからね。


今日無事治療終了した大塚さんも、痛い思いをして頂いた患者さんでした。

来院された時には左のほっぺがポーンと腫れておられ、二日間ほど眠れぬ夜を過ごされたのだろうなと思われる表情でした。

根っこの先に膿がたまっているのは確実です。お口の中の腫れている所を押してみると、プヨプヨしてはおらず、スポンジ系（ビ慢性の蜂《ほう》窩《か》織《しき》炎《えん》っていうんですけれど）の腫れでした。切開しても膿が出てきて楽になるというような状況ではなさそうです。

レントゲン写真を撮ってみると、以前にも治療されているようです。けれど神経の管を十分治療しきれない状況があったようです。

「わ～　膿の袋 大きそう」

と、小声でスタッフがレントゲン写真を見て言っています。

なんとなく嫌な予感です。

本来なら、あまり歯は触らずに、つまり刺激を与えずに、抗生物質などのお薬を投薬する、あるいは点滴をしておくのがいいのですが、痛みがすぐに収まるかというと・・・・・？？？　です。

歯のかむ面から穴を開け、根っこの先まで到達できたならば、痛みはずいぶん楽になります。思案のしどころです。

「どうしようか?」

根っこの先端までいければいいけれど、行けなければ、

「歯を削って、治療したのにまったく痛みが取れなかった」

とのご非難を受けなければなりません。少なくとも以前の治療した先生は、根っこの先まで行けずに、神経の管に詰め物を入れたのですから、私がやったとしても、根の先まで到達できる可能性は低いわけです。

「でも、何とか痛みを取ってあげたい。可能性は低いながらゼロではない! 無理をせずに、刺激を極力与えないようにして、ゴー」

治療開始!

「たとえ非難を受けてでも俺は患者さんのために頑張るのだー」

と、かつては精神的ストレスを抱えながらも治療をしていました。

ちょっと自分が悲劇のヒーロー気分なのかもしれません。病気の原因をさがして、病気をどんどん治していました。患者さんを治すのではなく、病気を治していました。

最近はそんな独り相撲のようなストレスを感じるのはおかしいと気づき、患者さんに素直に話をすることにしています。

「治療しても治らないかもしれませんよ」

「痛みを取るためには何度か通院が必要ですよ」

こんなこと言われたら患者さんは嫌ですよね。でも今ある状態をそのまま話しています。患者さんと私で、病気を共有しています。ですから話をしている時間が長い。

スタッフは横で話を聞きながら、次々とくる患者さんのたまっていくカルテを横目でチラチラ、ちょっとイライラ。

「早く治療を始めればいいのに」ときっと思っています。

そんな視線に気づいて、

「ということで、もう時間が無くなってしまいました。痛み止めを出しておきますので飲んでおいてください。次回から具体的な治療を始めましょう」

と、いい加減なことを言って、帰っていただくこともしばしばでてきました。

まるでガスの抜けたような治療ですね。

かつては痛みが取れても、「よかった」とも思わず、どんどん治療をしていました。今は痛みが取れたら「ああ、よかったですね」と思い、最後に被せが入った時には、

「よく頑張って通院していただきました。よかったですね」

と、患者さんと喜びを共有しあって治療しています。

さて・・・あなたはどちらの先生に治療をしてもらいたいですか？

バリバリと治療をすすめていく歯科医ですか？　それとも・・・

「今日はいい天気ですね。最後の治療の日ですよ。おめでとうございます」

と言って喜んでくれる（ガスの抜けたような）歯科医ですか？

私なら・・・・

両方兼ね備えた先生がいいですね（笑）

今日も診療室の窓から見える空は、真っ青でいい天気です。

*周囲の骨をとかす　口絵⑧「慢性根尖性歯周炎」参照

あとがき

私の歯科医院には診療チェアーが六台あります。そのうちの一台は小児及び精神的に生きにくさを抱えている子供さんを診る部屋「小児室」に入れてあります。もう一台は「オペ室」と呼んでいる外科治療を主に行う部屋に入れてあります。

最近、私は「小児室」で治療することはほとんどありません。

私の連れ合いも歯科医師なのですが、大学を卒業してから小児歯科専門医院に勤務していたお陰か、元々才能があったのか、小さな子供を上手に診療します。そのせいかお母さま方に絶大な人気があります。おかげで私の「小児室」での出番がないということです。

(ちなみに、杉本歯科医院の院長は彼女です)

私はというと、大学病院で補綴科（本文参照）勤務であったのと、外科治療を好んで研鑽したので、院長とは全く違う診療スタイルです。

このように、歯科医師といってもその診療スタイルはさまざまです。そんな個性のある歯科医院の中から、患者さんは自分の通院する医院を選択せねばなりません。自分の思い描く歯科医院を探し出すのは大変です。

どのようにして自分の通院する医院を選べばよいでしょうか。

一言でいえば・・・「縁」です。

ここ！　と思って扉を開く縁を頂いたのなら、それを大切にされるのが良いでしょうね・・・・とはいえ「欲」が出てくるのが人間ですね。

1，通いやすい環境（自宅が近い、勤め先に近い　等）

歯科医院なんてできるだけ行きたくないので、可能な限り気軽に行けるところが良いと思います。

2，医院の玄関周りや、周囲をよく見る。

玄関周りや外観などをよく見ると、ドクターの人となりが感じられるものです。明るい感じ、暗い感じ。のぞき見した時の調度品など。

3, 宣伝・広告の状態を見る。

宣伝が多い、少ない。派手、地味　等

「駐車場があります」などは必要な情報ですが、「こんな治療ができます」等は、広告しない他の歯科医院でもできるところは結構あります。ですので不要な情報かもしれません。

そんな情報をあえて大々的に広告するのは？？

2番、3番については、選択される方の好みの問題もあります。ブランドものが好きな方もあれば、堅牢な品質重視の方もいらっしゃいます。その品がゆったりと自分を包んでくれるものを好む方もいれば、価格重視の方もおられますよね。歯科医院選びも類似点はあると思います。

アンテナを鋭敏にしていれば、なんとなく自分が通院すべき医院がわかってくると思います。

そしてさんざん考えた挙句、自分で選んだと思っていても、実はそれが色々な「縁」をいただいた「果」なのですね。（本文Ｐ91参照）

今回、診療室の窓辺で書いていた原稿を、普段から気にかけていただき、お育ていただいておりました、相愛大学客員教授、浄宗寺住職　直林不退先生より出版のお声がけをいただきました。

きっと塩漬け原稿になるだろうと思っていましたのに、有難い「ご縁」をいただき出版という「果」に至りました。

直林不退先生には、今回の出版についてだけではなく、今まで数多くのご指導をいただいております。ここに深謝申し上げたく思います。

また出版の機会をいただきました、永田文昌堂の永田悟様・永田唯人様には出版に当たり、紙の質や、紙の色。ページの組み方等など、いろいろ親切なご指導をいただきました。厚くお礼申し上げます。

カバーデザインをしてくださいました、ほしむら　うみ様には、本の内容をよくおくみ取りいただき、優しいイメージでデザインしていただきました。有り難うございました。

杉本歯科医院のスタッフの皆様、わがままなドクターと一緒に診療していただき、本当に、本当に感謝しています、ありがとう。

いつも挿絵を描いてくれる、愚息　杉本暁とも出版の喜びを共有したいです。

二〇二三年　桜の季節

ドクターボンズ　杉本光昭

法衣（ほうえ）と 白衣（はくい）
の 狭間にて

著者紹介
杉　本　光　昭（すぎもと みつあき）
兵庫県三田市の浄土真宗本願寺派光澤寺に
生まれる
岩手医科大学歯学部卒業
在学中に得度
大阪大学歯学部歯科補綴学第二講座入局
大阪大学歯学部附属病院勤務
行岡医学技術専門学校講師
新大阪歯科技工士専門学校講師
カリフォルニア大学ロサンジェルス校
(UCLA) 顎顔面補綴科留学
杉本歯科医院開業
浄土真宗本願寺派光澤寺住職
布教使
自死遺族サポート「虹玉の会」主宰
兵庫県こころのケア研修会講師

著書 「楽しいインド物語」(自照社出版)

歯科診療室の窓辺から—仏の心につつまれて—

2023年 4 月20日　第 1 刷発行

著　　者　杉　本　光　昭

カバーデザイン　ほしむら　うみ

発 行 者　永　田　　悟　京都市下京区花屋町通西洞院西入

印 刷 所　亜細亜印刷株式会社　長野市大字三輪荒屋1154

発 行 所　創業慶長年間 永田文昌堂　京都市下京区花屋町通西洞院西入
電　話 (075) 3 7 1 - 6 6 5 1 番
F A X (075) 3 5 1 - 9 0 3 1 番
振　替 0 1 0 2 0 - 4 - 9 3 6

ISBN978-4-8162-6262-3 C1015